A PROGRESSIVE
LATIN READER

FOR THE FIRST AND SECOND YEARS

Martin Duran

English text reviewed by Torbjörn Ritzler.
Origin of the images:
Photographs by the author.
Royalty-free images from the Wikimedia Commons repository.
Cover image: Floor mosaic, detail of the gorgone Medusa, *opus tessellatum*, found in Zea (Piraeus). 2nd century AC.
Image of the back cover: Apollo Kitharoidos. Painted plaster, Roman artwork from the Augustan period. From the Scalae Caci on the Palatine Hill. Antiquarium of the Palatine, Inv. 379982.

PREFACE

This reader is a collection of Latin texts specifically selected to assist with the learning of Latin at the first and second year levels. The sequencing of the texts matches the introduction of grammatical contents as it is done traditionally.

All of the texts come with explanatory notes, although an effort is made not to overwhelm the student with excessive detail or complexity, since the goal is to facilitate fluency in the reading of Latin through engagement of texts of restricted length. To help connect these readings with their cultural context, some texts are also supplemented with historical explanations or images. The book concludes with a collection of grammar reference materials, which the student can consult at all times while translating.

If you have some doubts when translating the texts, or you need further explanations, you can ask the author for assistance, at duranmateu@gmail.com.

We want the manual to be useful for the purpose for which it is intended: familiarization with the Latin language through a graduated reading of texts written in this language, as well as reflection and personal growth based on the enormous wisdom that many of them contain.

Map of the Roman Empire in 117 AD Author: Tataryn, en Wikipedia Commons
(https://simple.wikipedia.org/wiki/Roman_Empire#/media/File:Roman_Empire_Trajan_117AD.png).

I. FIRST DECLENSION

1. The eagles

Aquilae alas habent, rapide volitant et gallinas et ranas interdum raptant. Saepe in silvis aquilae columbis appropinquant et columbae caute fugitant. Etiam puellae aquilas timent; aliquando aquilas vident et agricolas vocant. Agricolae veniunt, furcis aquilas in fugam vertunt et puellas recreant.

2. The Muses

Pieria patria Musarum est. Musae sunt filiae deae Memoriae. Musae novem[1] sunt et figuram puellarum habent. Musicae, tragoediae, comoediae, historiae astronomiaeque curam habent, nam patronae etiam poetarum sunt. Romae incolae Musas Camenas[2] appellant.

1 Numeral, 'nine'.
2 Predicative: 'The inhabitants of Rome call the Muses Camenae'.

3. Some Roman goddesses

Italiae incolae deas colunt. Praecipue diligunt Heram, Minervam, Vestam et Dianam. Hera regina dearum est et nuptiarum et matronarum patrona. In statuis Hera in cathedra cum corona sedet. Minerva sapientiae dea est et scientiarum, scholarum poetarumque patrona. Minervae statuae galeam, loricam et hastam habent; Minerva enim non solum[1] sapientiam amat, sed etiam in pugnis copias protegit. Vesta patriam et familiam custodit. Romae puellae in Vestae ara flammam patriae servant. Vestae statua tunicam induit. Diana silvarum dea est et nympharum regina. Dianae statuae sagittas et pharetram portant, quia[2] dea saepe in silvis cum nymphis feras agitat et necat. Diana pudicitiam amat et puellas ante nutias protegit.

1 *non solum ... sed etiam*: 'not only, but also'.
2 conjunction: 'because'.

4. Minerva and Diana

Athenarum[1] incolae venerant deam Minervam; Minerva est enim non solum[2] dea sapientiae, scientiarum litterarumque, sed etiam Athenarum patrona. Athenienses[3] deam Athenam appellant. In Minervae tutela praesertim poetae sunt. Minerva gestat autem hastam, galeam et scutum quod[4] pugnarum dea est ideoque amat bellum et audaciam et spernit nuptias. Deae sacra est[5] olea et inter feras noctua. Diana, Latonae filia, silvarum dea est et in silvis vivit. Diana etiam regina nympharum est et cum nymphis feras agitat telis. Tunicam induit. Dianae cervae sacrae sunt. Dianae prasertim puellarum tutelam habet.

1 Genitive plural because *Athenae* is a plural name, also in English ('Athens').
2 *non solum ... sed etiam*: 'not only ... but also'.
3 'The Athenians'.
4 conjunction: 'because'.
5 'is consecrated to the goddess' (built with dative).

II. SECOND DECLENSION

5. Bacchus

Bust of Bacchus found in Manacor (Balearic Islands).

Bacchus is the son of Jupiter (Zeus) and Semele. In Greece he was called Dionysus. As his mother Semele was struck down by Jupiter, he (Jupiter) sewed him in his thigh and continued the gestation there. Bacchus is the god of wine and the vineyard. Juno (Hera), the legitimate wife of Jupiter, drove him crazy; in a state of madness the god traveled through several regions (such as Egypt, Syria, Phrygia, Thrace) and to India, a country which he conquered. From India the god took out the triumphal procession with which he was represented: a carriage dragged by panthers and adorned with branches or ivy.

Bacchus, Iovis[1] et Semelae filius, deus beneficus est. Multa dat dona et beneficia: vinum ac frumentum Bacchi dona sunt. Cum turba virorum et feminarum Bacchus terras peragrat: e Graecia[2] in Aegyptum vadit, per Aegyptum in Asiam procedit, in Indiam quoque pervenit. Non equi, sed pantherae Bacchi plaustrum vehunt. Viri feminaeque non arma, sed tympana et taedas gerunt. Interdum inimici Baccho viam prohibent, sed deus inimicos pugna vincit, oppida expugnat, adversarios poenis punit et populis dona vini ac frumenti concedit. Ob dei beneficia viri feminaeque hostias in Bacchi aris immolant. Deus diligit sacrificia aprorum et hircorum.

1 'Of Jupiter'.
2 'From Greece'.

6. The peasants

Rustici casas possident, ubi agriculturae instrumenta custodiunt et cibum parant. Vitam in agris agunt, pomas colunt et vineas sine mora. Cepas, porros, placentas manducant. Olim agri non erant et secundum naturam viri vivebant, sed dei viris culturas dederunt[1]. Semper sunt procul ab[2] otiis: operam noscunt, cotidie laborant, agrorum spicas agnoscunt et, cum Iuppiter aquam mittit, laete vivunt.

1 'Gave'.
2 'Far from' (+ ablative).

7. Orpheus

Orpheus poeta in Thracia vivit, lyrae sono beluas mollit et etiam saxa commovet. Nuptiarum die[1] vipera Orphei sponsam, formosam nympham Eurydicam, mordet. Eurydica ob venenum vitam amittit et ad Inferos, mortuorum domicilium, descendit. Diu Orpheus flet, cibum recusat, per silvas errat; sponsam semper exoptat. Denique in Tartarum pervenit et ad solium Proserpinae, Inferorum[2] reginae, accedit. Orpheus lyra suaviter canit et mortuorum umbrae accurrunt; monstrum Cerberus tacet et damnatorum supplicia cessant. Poeta Proserpinae animum commovet et dea eius[3] vota exaudit: Eurydicam Orpheo reddit, sed in via ab Inferis ad terram vir oculos ad sponsam vertere[4] non debet. Orpheus autem gaudio Proserpinae verba neglegit et oculos vertit: statim Eurydica in auram ex viri oculis evanescit.

1 'On the wedding day'.
2 'Of Hells'.
3 'Of him', that is, 'his votes'.
4 'Turn'.

8. The Germans

Porta Nigra in Trier (ca. 170 AD).

Germaniae populi formosi sunt: caeruleos oculos, rutilas comas, magna corpora valida ad impetum[1] habent. Germani in casis habitant, per silvas errant et feras non timent. Domini et servi vivunt in humo, inter beluas. Filios neglegunt: filii nudi ac sordidi[2] excrescunt. Litterarum secreta viri pariter ac feminae ignorant. Nec concordiam, nec sedulam agricolarum vitam amant. Arma et equos diligunt, bella gerunt et gladiis et lanceis pugnant. Feminae et servi agriculturam colunt, sed in pugnis feminae arma viris praebent. Germaniae populi vinum non bibunt, sed cervisiam et aquam.

1 'Impetuous for the attack'.
2 Predicative complement: 'naked and dirty'.

9. The life of the slaves

Many slaves lived in the countryside, where they carried out agricultural, artisanal, textile or construction tasks. It was common that during the time of collection they worked with free people who, contrary to them, were paid for their work. Domestic slaves were treated better and were more specialized: make-up artists, hairdressers, nurses, pedagogues, bearers of bunk beds, musicians, readers, cooks, waiters... These slaves had more value if they were resold because, in addition to being an instrument of production, they were very skilled and highly prepared. Freed slaves were called liberti *(freedmen).*

Scenes of gladiator battles. Istanbul Archaeological Museum. 2nd century AD.

Servi Romanorum oppida, agros villasque incolunt. Romanorum servi aut ex barbaris aut ex captivis proveniunt. Servi plerumque operas agrorum exercent; ancillae autem cibos apparant, aquam amphoris hauriunt, matronarum comas pectunt aut aliis operis domesticis incumbunt. Nonnumquam servi medici aut ludi magistri[1] sunt, ideoque morbos curant aut dominorum liberos docent. Domini servos ignavos suppliciis puniunt; si autem officia sedule ac diligenter praestant, cum indulgentia et benevolentia tractant. Ideo saepe servi cum dominis vitam degunt, velut amici; interdum etiam propter merita aut diligentiam atque studium erga dominos liberi evadunt[2]. Servos liberatos Romani libertos appellant.

1 'School teachers'.
2 'They are left free', that is, 'win freedom'.

10. Mercury

Mercurius, Iovis[1] et Maiae filius, deorum nuntius erat et cum dis deabusque[2] in Olympo vivebat. Graeci deum quoque mercaturae, eloquentiae et somniorum Mercurium putabant. Clarus ob astutiam et ingenium erat: admodum puer Phoebi armentum rapit, lyram facit et lyrae sono deorum convivia delectat. Patronus viarum erat, quapropter in viarum compitis Mercurii statuae extabant. Graeciae incolae Mercurii statuas coronis ornabant. Etiam viae ad Inferos patronus erat[3] et mortuorum animas illuc ducebat.

1 'Of Jupiter'.
2 'with the gods and goddesses'.
3 'He was also the protector of the road to the underworld'.

11. The Nile and Egypt

The Egyptian civilization extended along the banks of the Nile, which is where men, cities, temples, pyramids and all the economic life of the kingdom were concentrated. The Nile valley was very fertile thanks to the overflow of the river every summer, from July to September, which flooded the valley with water and a dark colored mud (silt), very beneficial to farmers. The Greek historian Herodotus said that Egypt was a gift from the Nile.

Nilus fluvius Africae –Africam antiqui appellant Lybiam– est. Cibum incolis Aegypti praebet. Nam, cum in Aethiopia pluviae cadent, Nili aquas maxime augent. Undae Nili per campos diffluunt, agros limo replent[1] et terram fecundant. Ubi pluviae cessant et aquae intra ripas Nili refluunt, agricolae glebas aratris arant, frumentum cum diligentia serunt er copiam alimenti habent. Quare antiqui Aegyptum appellant «Nili donum»[2] et incolae fluvium ut deum colunt. Apud Nili ripas Aegypti templa et sepulcra aedificant et in atriis statuas et thesauros cum auro et argento deis collocant.

1 'fill the fields with clay'.
2 'That is why the ancients call Egypt a gift from the Nile'.

III. FIRST AND SECOND DECLENSION ADJECTIVES

12. Italy

Breakwater of Syracuse, on the island of Sicily.

In Italia amplae silvae, amoenae orae, purae aquae sunt; Italiae incolis silvarum umbrae et aquarum undae gratae sunt. Campania, Aemilia, Apulia, Etruria in Italia sunt. Multae coloniae sunt: Cumae Graeca colonia sunt[1]. In Aemilia autem Romae coloniae sunt: Placentia et Mutina. Clarae sunt Italiae insulae: Sicilia, magna insula; Sardinia, antiqua terra, Corsica et Melita laetae insulae Italiae sunt. Italiae terra incolis et advenis amoena et pulchra est.

1 'Cumas is a Greek colony'.

13. The Trojan War

Clarum oppidum Asiae Troia est. Troiani oppidum incolunt atque cum Graecis pugnant, nam Graeci Troiam obsident. Belli causa Priami filius est,

11

nam pulchram Graeciae feminam raptat et secum[1] vehit. Multi dei Graecos iuvant. Multi populi deique Troianos quoque iuvant. Graeci Troianique varia fortuna[2] in latis Troiae campis strenue pugnant. Tandem Graeci Troiam dolo expugnant atque praeclaram victoriam obtinent. Viros, feminas et pueros interficiunt aut capiunt. Oppidi tecta templaque ferro flammaque impie delunt.

1 'with him'.
2 'with different luck'.

14. The Roman peasants

In casa agricolarum non multae deliciae sunt: nam saepe casa est parva et agricolae cum magna familia habitant. Agricolarum casae neque marmoreis columnis neque pretiosis tabulis neque splendidis statuis ornatae sunt, sed parva lucerna mensam illuminat. In agris dura et laboriosa vita est, sed iucunda et laeta, quia agricolae divitias et avaritiam ignorant. Agricolae mane surgunt, vaccis et capellis herbam dant, agnas et capellas curant, terram arant et vineas colunt. Villica mensam parat, cum ancillis operas domesticas curat, in rivi aquis lanam lavant. In villarum areis agricolarum feminae gallinas et columbas alunt. Sub vesperum lucernae agricolarum casas illuminant: tunc feminae lanam tractant. Interim tenebrae villas, casas, areas involvunt: tacent ferae, non sibilant merulae nec cantant alaudae vel lusciniae, tantum noctua importuna stridet et infaustam querellam tollit.

15. Bacchus

Bacchus seu Dionysus iucundus et beneficus deus est, magnaque beneficia praesertim incolis praebet: rubri enim vini ac flavi frumenti dona Graeciae oppidanis agricolisque concedit. Ob dei beneficia viri feminaeque multas hostias ante Bacchi aras immolant. Grata deo[1] sunt sacrificia ferorum aprorum cornigerorumque hircorum. Deus cum parvo numero animosorum virorum et effrenatarum feminarum e Grecia per Aegyptum in Asiam procedit. Bacchi aureum plaustrum maculosae pantherae vehunt. Viri feminaeque tympana et taedas destrigunt. Bacchus cruenta bella gerit, oppida expugnat et adversarios acerbis poenis multat. Etiam Indiae populis grata dona vini ac frumenti concedit.

1 'Pleasing to God'.

16. Pyramus and Thisbe

The fable of Pyramus and Thisbe is explained in book IV of the Metamorphoses *of Ovid. Pyramus and Thisbe were two young Babylonians in love, who could not get married because their parents were opposed to marriage. However, they whisper their love for each other through a crack between their adjoining houses. One day, the young men summoned themselves near Ninus' grave, where there was a mulberry tree next to a fountain. First came Thisbe, who saw a lioness who was going to drink at the fountain, fled and lost her veil. The lioness stained the veil with the blood of what she had eaten and Pyramus, seeing the veil of his beloved bloodied, committed suicide. Thisbe also killed himself by finding the body of his beloved dead. The mulberry, since then, gives red fruits.*

Pyramus et Thisbe Babyloniae contigua aedificia tenebant. Pyramus pulcher puer erat et Thisbe formosa puella erat. Olim Pyramus puellam videt, subito adamat et nuptias parat. Sed ob saevitiam pueri puellaeque parentes nuptias vetant. Sed amor crescebat et puer puellam vehementer amabat. Murus fissus angusta rima[1] intra aedificia erat: Pyramus et Thisbe, laeti, muri rimam vident et per rimam puer litteras ad dilectam puellam mittit. Saepe stabant hinc Thisbe, Pyramus illinc et puella blanda pueri verba audiebat. Aliquando puella dicebat: «Invide mure, cur Pyramo obstas?». Itaque olim ad tumulum Nini, Assyriae domini, convenire et sub mori umbra latere statuunt. Tenebrae erant: Thisbe a paterno aedificio fugit et ad altam morum pervenit sedetque sub moro. Venit subito laena: perterrita puella laenam procul videt atque in obscurum antrum fugit, sed paenulam relinquit. Saeva laena multam aquam potat et ore cruentato puellae paenulam forte laniat. Pyramus autem ferae vestigia videt et puellae cruentam paenulam reperit: luget, oscula paenulae dat, dilectam puellam clamat, sed frustra. Demum demittit in ilia ferrum[2] et iacet resupinus. Paulo post puella ad altam morum remeat et rursus dilectum puerum expectat. At subito Pyramum videt graviter saucium[3]. Misera puella flet, demittit in ilia ferrum et cum dilecto puero e vita cedit.

1 'Cracked (the wall) by a narrow crack'.
2 'Finally, he stucks the sword in the lower abdomen'.
3 'sees Pyramus seriously injured'.

17. Daedalus

Cretae Labyrinthus Daedalum cum filio Icaro claudit. Daedalus fugam petit, sed undique pelagus est. Improviso Daedalus exclamat: «Cretae dominus caelum non possidet!» et subito, ingenii auxilio, humanam naturam superat. Pennas colligit, lino et cera pennas alligat atque humeris suis et Icari[1] aptat. Interea Icarum monet: «Mediam viam caeli tene[2], fili mei[3]. Nam undae pelagi alas gravant; contra, radii solis ceram urunt». Postea Daedalus oscula filio dat et in caelum ascendit atque volat et filii alas observat. Sed puer, ob nimium gaudium, mediam viam deserit et in altum caelum volat. At solis radii alarum ceram molliunt et Icarus in undas pelagi praecipitat.

Drawing by Frans Huys (1522-1562), with Daedalus and Icarus in the corner.

1 'on his shoulders and on Icarus ones'.
2 'Take', 'catch' (imperative).
3 'My son' (vocative).

IV. IMPERFECT INDICATIVE

18. Orpheus and Eurydice

Athenis aviae puellis et pueris saepe Orphei et Eurydicae fabulam narrabant. Orpheus lyrae sono etiam beluas molliebant; Eurydicam in matrimonio habebat beatamque vitam agebant. Sed olim vipera Eurydicam necat: puellae anima in Inferos descendit, ubi Proserpina regnat. Tum Orpheus Eurydicam recuperare exoptat[1]: in Inferos descendit, ad Proserpinae solium accedit, lyra suaviter canit et umbrarum deae animum movet. Itaque Proserpina poetae votum exaudit. Sed in via Orpheus puellam spectare non debet[2]. Orpheus gaudio exultat, sed postea deae iussum neglegit et oculos ad Eurydicam vertit. Statim Inferorum regina puellam revocat: frustra Orpheus flet et Eurydicam vocat.

1 'Wants to recover'.
2 'He must not look'.

19. Customs of the Scythians

Instituta antiquorum Scytharum insueta erant[1]: nam Scythiae incolae neque agriculturam neque mercaturam exercebant nec sub tectis habitabant, sicut alii populi, sed loca deserta et inculta cum magnis armentis continenter peragrabant. Feminas liberosque in plaustris vehebant: nam domicilia perpetua non habebant, sed plaustra adhibebant, beluarum coriis contecta[2], contra caeli inclementiam. Scythiae caelum enim asperum est, tamen antiquitus incolae nec laneas nec linteas tunicas induebant, sed membra tantum coriis ferarum protegebant. Scythae, valde strenui in bello, solum patriae hastis et saggittis contra externorum populorum minas defendebant. Praeterea iustitiam religiose observabant, etiam sine scriptis aut decretis, et furtum praecipuum flagitium erat. Scythae neque argenti aut aliarum divitiarum avidi erant[3], sed feram et asperam vitam in immensis camporum spatiis decebant.

1 'The institutions of the ancient Scythians were unusual'.
2 'Coated with beast skins'.
3 'They were not greedy for money or riches of others'.

V. THIRD DECLENSION

20. The Emperor Septimius Severus

Lucius Septimius Severus was born in 146 AD in Leptis Magna, near Carthage, on the north coast of the province of Africa. He was proconsul of the Tarraconense province between 178 and 180 AD. After the murder of Pertinax in 193 AD, the legions of Pannonia proclaimed him emperor. However, he was not the only one: the legions of Syria had also proclaimed Emperor Pescennius Niger and those of Britain, Clodius Albinus, so he had to fight against these two to prevail. He eliminated and executed dozens of senators, replacing them with new senators in his confidence. He dissolved the Praetorian Guard and established a military force of his own.

Despite this, Septimius Severus was very popular among the population because he restored Roman morale after the decadent years of Commodus. In the last years of his empire he had problems with British uprisings. For this reason he ordered the renewal of the border (limes) of Hadrian. He finally died in 211 AD in Eboracum, the present York. After his death, he was divinized by the Senate.

Arch of Septimius Severus (203 AD) in the forum of Rome.

Deinde imperii Romani regnum Septimius Severus accipit, oriundus ex Africa, provincia Tripolitana, oppido Lepti. Solus et ante et postea ex Africa imperator est. Primum fisci advocatus, mox plebis tribunus, per multa deinde ac varia munera usque ad regnum totius[1] imperii venit. Legiones colligit et bella feliciter gerit. Pescennium Nigrum, qui[2] in Aegypto et Syria rebellabat[3], apud Cyzicum, claram Mysiae civitatem, interficit. Parthos vincit et Arabas et Adiabenos et ibi provinciam facit. Multa toto imperio Romano reparat. Severus tamen praeter bellicam gloriam et crudelitatem etiam studiis clarus est et litteris doctus, philosophiae studiosus. Novum bellum in Britannia habet et vallum a pelago ad pelagus deducit. Decedit Eboraci[4] admodum senex, imperii anno sexto decimo.

1 'Of all'.
2 'Who'.
3 'was revolting'.
4 The current York.

21. The Capitoline wolf

Cur statuam lupae, bestiae ferae, Romani adorant? Fabula antiqua est. Rheam Silviam, filiam Numitoris, amat Mars, deus belli. Post tempus non longum Silvia fit[1] mater geminorum, quos[2] Romulum et Remum nominat. Cum[3] videt geminos, rex Aemilius stupefactus est et «filios Martis», murmurat, «timeo, nam sceptrum regis sine voluntate deorum teneo». Ergo infantes in aqua Tiberis iacit, sed lupa eos[4] audit et ex aqua extrahit. Geminos non devorat, sed in caverna lacte et carne[5] nutrit. Multos annos in silva cum lupa habitant Romulus Remusque. Cum corpora robusta et valida habent, e silva veniunt, gladiis acutis armati, regemque puniunt. Ergo in templo Iovis[6] stat imago lupae.

Statue of the Capitoline Wolf in the Capitoline Museums of Rome.

1 'becomes'.

2 'whom' (relative).
3 'When'.
4 'To them' (direct object).
5 'With milk and meat'.
6 'Of Jupiter'.

22. The Rape of the Sabine Women

Romulus, Martis et Rheae Silviae filius, in monte Palatino urbem Romam aedificat. Multitudinem finitimorum in civitatem adscribit, copias comparat, senatores creat. In urbe tamen gravis erat mulierum penuria; tum Romulus invitat ad ludorum spectaculum omnes gentes urbis Romae vicinas[1]. Inter ludos, Romani iuvenes raptant virgines Sabinas. Tunc Sabini bellum Romanis movent. Sed miserum bellum parat laetam pacem. Precibus et lacrimis mulieres impellunt maritos et patres ad pacem et ad amicitiam. Sabini et Romani parent consiliis mulierum[2] et regnum consociant.

1 'All the neighboring towns of the city of Rome'.
2 'Obey the advice of women'.

23. The world

Universum mundum homines in duas partes distribuunt: caelum et terram. In caelo lunam, solem, sidera conspicimus. Antiqui philosophi terram inter elementa cum igne, aere, aqua numerabant. Terra montes habet cum silvis et herbis, saxis et metallis; valles cum pratis, floribus et graminibus; planitias cum agris et frugibus; maria, flumina, rivos; animalia omnis generis[1] et homines ratione praeditos. In aere sunt nubes; aves in caelo volitant, in maribus pisces natant.

1 'Of all kinds'.

24. Ceres

Ceres clara frugum[1] dea erat et multas urbes in Sicilia possidebat. Proserpina, venusta Cereris filia, iucunde per prata cum comitibus errabat et varios veris flores in agris apud urbem Hennam colligebat. Pluto, amore incensus[2], puellam rapere uxoremque ducere statuit[3]. Inferorum rex e Tartarea spelunca evadit, virginem abripit et in regnum suum portat. Perdiu Ceres filiae fortunam ignorat; ideo taedas ex Aetnae vertice inflammat ac puellam per universum orbem terrarum diu noctuque quaerit: tota loca clamoribus et querelis personabant. Interea natura languebat, quia Ceres agros et fruges neglegebat. Denique dolor miserae matris patrem deorum hominumque commovet: Olympi dominus Plutonis facinus deae aperit aequasque condiciones pacis inter Cererem et Plutonem statuit.

1 'Of the fruits'.
2 'Inflamed with love'.
3 'He decides to rape the girl and marry her'.

25. The Sirens

Inter furorem procellarum et asperas insidias scopulorum et dolos gurgitum, antiqui[1] in mari videbant etiam Sirenas, quarum[2] nomen homines fascinabat et quarum blandae voces saepe audiebant. Sirenum blanditiae ad nautarum aures perveniebant et tum nautae opus remorum et rudentium intermittebant: itaque naves veloces currebant sine gubernatorum cura. Sed Sirenes improvidos nautas ad rupes et ad taetram mortem trahebant. Ossa et capita[3] nautarum mortuorum propter Sirenum insidias horrendam fraudem viatoribus monstrabant, sed dulces erant Sirenum voces et multi alii nautae in fraudem incidebant. Sirenes etiam animos debilium sociorum[4] Ulixis allectaverunt[5]; tamen callidus Ithacae dux caros socios fascinationi Sirenum cerae auxilio subripuit[6].

1 'The ancients' (subject).
2 'Whose'.
3 'Bones and heads'.
4 'Of the weak companions'.
5 'allured'.
6 'Escaped from the fascination of the Sirens with the help of wax'.

26. The first three kings of Rome

Romanum imperium a Romulo[1] exordium habet. In Palatino Romulus civitatem exiguam constituit, ex nomine suo[2] Romam appellat et multitudinem finitimorum recipit. Quoniam[3] vero Romani uxores non habebant, ad spectaculum ludorum vicinas nationes invitat atque virgines rapit. Propter iniuriam raptarum virginum multa bella exardescunt et Romulus Sabinos, Fidenates aliasque nationes[4] vincit. Post mortem Romuli Numa Pompilius populum iure legibusque mitigat. Numa Pompilius bellum nullum gerit[5], sed leges moresque Romanis dat: templum Vestae facit, virgines Vestales legit[6], sacerdotes Martis instituit. Numae succedit[7] Tullus Hostilius: bella reparat et Albanos aliosque populos finitimos vincit.

Numa Pompilius receives from Egeria the laws of Rome. Felice Giani, 1806.

1 'From Romulus'.
2 'From his name'.
3 'Since' 'because'.
4 'To the Fidenates and other nations'.
5 'Numa Pompilius made no war'.
6 'He chose the Vestal virgins'.
7 'Tullus Hostilius succeeded Numa'.

27. Penelope

Cotidie proci in Ulixis regia convivia agitabant et sine ulla cura regis divitias consumebant: magna cum patientia nuptias cum Penelopa expectabant. Mulier, tamen, matrimonium recusabat et variis modis procos decipere temptabat. Notus est telae dolus: «Unum e vobis[1] mox eligam –Penelopa dicebat–; prius, tamen, hanc telam perficiam»: sed mulier telam interdiu texebat, nocte autem resolvebat. Post quattuor annos, tamen, infida ancilla reginae callidum dolum procis indicat, et Penelopam ad matrimonium cogunt. Nuptiarum tempus adventat, cum[2] in regiam mendicus venit et Penelopa mendicum hospitio accipit: mox, tamen, Euriclea nutrix Ulixem sub mendica forma agnoscit. Paulo post, Telemachi ope[3], Ulixes procos necat, ancillas et servos infidos punit et cum Penelopa coniungit. Ob fidelitatem mutuam, Ulixes et Penelopa optimorum coniugum imago sunt.

1 'One of you'.
2 'When a beggar comes to the palace'.
3 'By work of Telemachus'.

28. Plebeians and patricians

Funerary relief representing a couple of Republican patricians.

Antiquis temporibus duo genera[1] hominum erant: patricii et plebeii. Romani tunc leges scriptas non habebant, et patricii multas iniurias plebeiis imponebant atque iura[2] plebeiis negabant: numquam plebeii consules erant. Itaque plebeii ex oppido cum filiis uxoribusque procedunt et ad montem[3] Sacrum migrant. Pavor patricios capit: plebeii neque in agris laborant neque militiam tolerant. Tum patricii tribuniciam potestatem[4] constituunt et tribunos plebeiis dant. Tum discordia inter patres[5] plebemque remittit.

1 'Two types, two kinds'.
2 'Denied rights to the plebeian'.

4 'The tribunician power', that is, that of the tribunes of the plebs.
5 'Senators'.

29. Arion and the dolphin

Arion poeta, in cuncta Graecia valde clarus, lyra canit et vocis suavitate etiam animalia commovet. Corinthi[1] vivit, sed Italiae inclitas terras visere desiderat; ibi mulcet aures et corda cunctorum incolarum. Incolae Arioni multam pecuniam dant. Postea Arion, divitiis copiosus et magnificis donis onustus[2], in Graeciam remeare statuit; navem igitur et nautas amicos deligit. Nautae in altum mare contendunt, sed mox, pecuniae cupidi, Arionem necare constituunt. Tum ille divitias suas nautis dat et unum orat ante mortem: indumenta sua induere desiderat, lyram capere et carmen canere. Mox carmen suaviter cantat; postremo cum lyra ornamentisque in aquam se iacit[3]. Nautae rapide discedunt, sed novum et mirum prodigium contingit: Arionis lyra et vox vocat delphinum, qui[4] repente inter undas cantatorem in dorsum capit et in terram vehit.

1 'Lives in Corinth'.
2 'Loaded with magnificent gifts'.
3 'throws himself into the water'.
4 'Who'.

30. Romans fight against Helvetians

Helvetii per fines Sequanorum copias traducunt et in Haeduorum fines perveniunt Haeduorumque oppida et pagos vastant. Quare Haedui legatos ad Caesarem mittunt et auxilium rogant. Itaque Romani cum strenuis Helvetiis proelium committunt, sed pauci Romani ob armorum peritiam in pugna cadunt. Helvetii magna cum audacia subsistunt et proelio Romanos lacessunt. Diu atque acriter Helvetii cum Romanis pugnant, tandem Romanorum pila non sustinent et ad impedimenta[1] et carros suos perveniunt. Apud impedimenta[1] Helvetii strenue pugnant et e loco edito[2] in Romanorum copias[3] tela ingerunt Romanosque vulnerant. Sed socii Romanis auxilia cum gladiis et loricis mittunt et Helvetios superant; ideo per legatos Helvetii pacem petunt.

1 'To the heavy baggage (of the army)'.
2 'From a high place'.
3 'Troops'.

VI. FUTURE INDICATIVE

31. Croesus

Croesus, born in 596 BC and son of Aliates II, was the last king of Lydia (in the current Turkey), where he reigned between 561 and 547 BC. He was famous for his wealth and for his dedication to pleasure and the arts. He conquered the regions of Pamphylia, Mysia and Phrygia. His court in Sardes was frequented by philosophers and people of letters. Once, he went to visit Solon. Croesus proudly showed him the treasures and palaces he possessed, believing that he would dazzle him and show off his happiness. But Solon replied: "We can not call a person happy before his death." Croesus, in fact, was not happy for much longer: Atis, his only son, was the victim of a hunting accident, killed by the javelin of the Phrygian Adrastus; he allied himself with the Egyptians against Cyrus, but was defeated in the battle of Thymbria. The city of Sardes was besieged and taken (548 BC) and Croesus imprisoned. He was led before Cyrus, who had a pyre built to burn him. Before the pyre Croesus, recognizing the truth of what Solon had said, exclaimed "Oh, Solon, Solon!" These words saved his life, as he explained to Cirus the transience of human things. Cirus, deeply moved, valued the wisdom of his words.

Croesus, avidus Lydorum rex, Persicam regionem invadere exoptat[1]. Militibus suis arma ex auro et argento committit et ante expeditionem oraculum interrogat. Pythia, Apollinis sacerdos, ita respondit: «Si Croesus Persiam militias suas ducet[2], magnum regnum prosternet!». Tum rex victoriam praegustat et cum copiis suis in Persiam penetrat. Cyrus, Persarum rex, militum suorum virtutem monet et proelium committit. Pugna fera est et magnus Lydorum numerus cadit; Cyrus vincit, Croesum regem capit et in carcerem ducit. Itaque Pythiae oraculum evenit: nam magnum regnum vero Croesus prostrat, sed suum[3]!

1 'wants to invade'.
2 'Takes his armies to Persia'.
3 'But his'.

32. The sacrifice of Tantalus

Tantalus Lydorum rex erat, clarus inter homines ob magnas divitias et diis deabusque carus[1]. Saepe igitur Iuppiter Tantalum in Olympum vocabat atque ad Superorum[2] epulas admittebat. Sed Lydorum rex Iovis consilia in caelo audit et in terris hominibus nuntiat; praetera furtum facit ambrosiae et nectaris divini. Ob tanta facinora[3] Iuppiter Tantalum ex Olympo pellit, in Inferos deicit et saeva poena punit. Tantalus in palude Stygia in perpetuum stabit, sed siti ardebit: nam si os ad aquam admovebit, aqua statim recedet. Rami cum multis et iucundis pomis ante oculos pendebunt sed, si Tantalus brachium sublevabit, venti arboris ramos ad altas caeli nubes extollent. Ideo supplicium famis et sitis Tantalum in palude Stygia in perpetuum excruciabit. Praterea saxum immensum, perpetuae minae[4], miseri capiti impendebit.

1 'And loved by gods and goddesses'.
2 'Of the superiors', that is, 'of the gods'.
3 'Because of such important crimes'.
4 'A perpetual threat' (apposition).

VII. THIRD DECLENSION ADJECTIVES

33. The Roman camp

Reconstruction of the Biricianum camp in Bavaria.

Nocte legiones Romae idoneum locum deligebant[1] ibique castra ponebant. Milites fossa valloque castra muniebant. Castra quattuor latera et quattuor angulos rectos habebant. Portae quattuor in castris erant: porta praetoria, porta decumana, porta principalis dextra et porta principalis sinistra. In castrorum foro praetorium imperatori[2] collocabant atque ad praetorium aram sacrificiis statuebant. Via principalis duas praecipuas portas coniungebat; praetoriana via ex foro ad praetoriam portam ducebat. Reliquae castrorum viae, inter militum tentoria, minus latae erant.

1 'They chose a suitable place'.
2 'They placed the praetorium for the emperor'.

VIII. PERFECT INDICATIVE

34. The Minotaur

Erat olim in insula Creta horrendum monstrum, Minotaurus nomine[1]. Monstrum habebat caput tauri in humano corpore atque in labyrintho habitabat. Daedalus, vir magni ingenii, in insula Creta exulabat. Ibi Cretae tyrannus Daedalo hospitium praebuit atque Daedalus magnum labyrinthum tyranno aedificavit. Minos[2] Minotaurum pueris et puellis vivis alebat. Quotannis multos pueros et multas puellas monstrum devorabat. Sed Cretae rex filiam pulchram quoque habebat, Ariadna nomine[1]. Ariadna, magno amore Thesei capta[3], Theseum servare constituit. Itaque Ariadna Theseo longum filum dedit. Theseus in labyrinthum intravit atque Minotaurum post longam pugnam gladio occidit.

1 'Named Minotaur', 'called Minotaur'; 'By name Ariadna', 'called Ariadna'.
2 'Minos' (nominative).
3 'Pinned by a great love towards Theseus'.

35. The Trojan horse

Antiquis temporibus Graeci dolum inauditum excogitaverunt: equum ingentem in litore aedificaverunt et in equi alvo duces incluserunt. Deinde Graeci in naves conscenderunt atque reditum in patriam simulaverunt. Troiani in urbem equum introducere statuerunt. Nocte duces Graecorum ex equo descenderunt et urbis portas sociis aperuerunt. Aeneas, Troiae princeps, pro patria bello Troiano fortiter in acie pugnavit. Sed Graeci Troiam ceperunt atque Aeneas ex urbe cum patre filioque fugit. Aeneas per multos annos navigavit. Saeva tempestas in Africae litora Aeneam reiecit. Ita Aeneas ex insula Sicilia ad Didonem, Carthaginis reginam, advenit. Deorum iussu[1] Carthagine excessit et rursus ad Italiam navigavit.

Sinon is brought before Priam. Folio 101 r of Roman Virgilius.

1 Ablative of iussus -us, substantive of the 4th declension: 'by order of the gods'.

36. Julius Caesar

Caesaris temporibus discordia ducum[1] horrendi belli causa fuit; denique Caesar victor fuit. Ptolomaeus, hospes impius, Pompeium necavit, magno cum dolore Caesaris. Postea Caesar in Europa, in Asia, in Africa, Pompeii sectatores vicit. Romani duci victori splendidos honores tribuerunt[2]; deinde Caesar potestatem regis habuit. Sed potentia et honores multos adversarios duci[3] paraverunt; et coniurati patrem patriae (ita Romani Caesarem appellabant) necaverunt. Coniurati tamen tanto scelere nullum emolumentum civitati paraverunt. Mox enim Caesari[4] Augustus successit et tamquam

26

tyrannus diu regnavit, etiam si publice suam auctoritatem tribunicia potestate[5] dissimulabat.

1 'The discord between the generals'.
2 'The Romans granted splendid honors to the victorious general'.
3 'But power and honors provided many enemies to the general'.
4 'August succeeded Caesar'.
5 'Concealed with the tribunicia power'.

37. The tragic end of Hercules

The death of Hercules. Francisco de Zurbarán, 1634.

Herculis, fortis celebrisque viri[1], finis valde tristis fuit. Nam uxor eius[2] Deianira, propter invidi Nessi centauri fraudem, coniugi venenatam tunicam donavit. Hercules tunicam incaute induit et statim acre et letale venenum in viri corpus penetravit. Tum Hercules forti dolore insanivit, lignorum struem coacervavit et incendit; deinde in rogum inscendit et forti animo finem imposuit vitae dolorique[3]. Antiqui Graeci, Herculis omnium beneficiorum conscii, virum in deorum numero collocaverunt.

1 'From Hercules, a strong and famous man' (genitive).
2 'His wife', that is, 'his wife'.
3 'He put an end to life and pain' (that is, 'put an end to a life full of pain').

38. The sparrowhawk and the pigeons

Timidae columbae milvum timebant et alis suis exitium vitabant. Tum milvus callidum consilium invenit: columbis indutias proposuit itaque insidias tetendit. «Cur» inquit «me[1] dominum vestrum non creatis? Ita tutae a periculis et iniuriis eritis[2], neque vitam incertam periculorum plenam agetis». Columbae credulae verbis milvi fidem tribuerunt, consilio fraudulento crediderunt eique regnum commiserunt[3]. Sed milvus imperium crudeliter gessit, nam miseras columbas statim arripuit devoravitque. Qui se improbo commitit[4], ruinam sibi parat[5].

1 'Me' (direct object).
2 'You will be sure of the dangers and injustices'.
3 'They commissioned the government'.
4 'He who commits himself to an evil one'.
5 'Seek ruin for yourself'.

39. Caesar crosses the Rubicon

C. Iulius Cesar popularium partium[1] erat; principio tamen societatem fecit cum Pompeio, nobilitatis principe, et Crasso, viro admodum divite ac potenti. Cum Pompeio et Crasso igitur perniciem rei publicae paravit; nam magistratus legitima auctoritate privavit, triumviratum instituit et provinciae Galliae administrationem petivit. Ibi complures res gessit secunda fortuna[2] et brevi tempore universam Galliam in Romanorum dicionem redegit. Cum Britannis quoque feliciter bellum gessit et etiam Germanos, trans Rhenum incolentes[3], ingentibus proeliis vicit. Tum autem initium habuit bellum civile, exsecrandum et lacrimabile. Nam cum Caesar alterum consulatum petivit, senatus petitioni obstitit[4]. Tum Caesar, spe deiectus[5], Rubiconem flumen cum exercitu traiecit et Romam contendit. Ad nuntium Caesaris adventus consules Brundisium confugerunt cum Pompeio, cum senatu et universa nobilitate, atque inde in Graeciam.

1 'Of the popular party'.
2 'With favorable luck'.
3 'Who lived beyond the Rhine' (participle of present).

4 'The Senate opposed the request'.

5 'Away from your hope'.

40. The Trojan horse

Iamdiu Graeci Troiam, opulentam Asiae urbem, frustra obsidebant: nam oppidanorum virtus hostium oppugnationem irritam reddebat[1]. Tum Graeci dolum excogitaverunt: Palladis arte equum ligneum ante moenia super litus aedificaverunt –equum Minervae piaculum falso dictitabant–, postea fugam per mare simulaverunt. Dolum Sinonis perfidia confirmavit, et credula Troianorum multitudo equum validum munimentum urbis existimavit: ideo cives partem moenium diruerunt, infestumque animal in arce statuerunt. Sed in beluae cavernis strenui milites latebant. Intempesta nocte, dum Troiugenae[2], vino et somno gravati, arcte dormiunt, Sinon equi ventrem aperuit: lecti milites, gladiis et hastilibus armati, e latebris erumpunt, vigilas necant urbisque moenia aperiunt. Saeva Graecorum multitudo irruit in incolas sopitos et inermos: horrendam virorum mulierumque caedem ediderunt, totamque urbem incendiis et ruinis impleverunt.

1 'It made the siege useless'.

2 'Trojans'.

41. Cimbri and Teutons

The Cimbri probably came from the Jutland peninsula, in what is now Denmark. It is believed that they numbered from 60,000 to 80,000 and that they had been formed from the union of several dispersed populations of the coasts of northern Europe. They were of Celtic or Germanic race. The Teutons (from whose name derives the word teutonic, "German" in this language) were a Germanic people that towards 100 BC, because of a climatic cooling, left the north of the Germanic lands to pillage in Gaul, where they were known as "Alamanni." In 113 BC, the Cimbri invaded the region of Norica (part of present-day Austria). Later, they toured Europe in migrations that took them to Hispania and Aquitaine. The 102 BC, after having tried to establish in Roman territory, they agreed with the Teutons the invasion of Italy. They defeated the Romans in all battles, but in 101 BC they were defeated and exterminated by Gaius Marius at the Battle of Vercelli (the Raudii Campi *of the text), in Cisalpina Gaul. With discipline, the Romans overcame a force that was much greater. At least 65,000 Germans died and their king, Teutobod, was taken prisoner. Women, in order not to suffer the shame of slavery, committed suicide en masse.*

Antiquis temporibus Cimbri et Teutoni in Germania habitabant. Postea in Galliam migraverunt, Alpes transmiserunt, feraces Italiae regiones ferro vastaverunt et funestas clades populo Romano comparaverunt. Contra barbarorum populationes Romani Gaium Marium consulem cum ingentibus copiis miserunt. Marius primum Teutonos apud Aquas Sextias in Gallia Transalpina devicit, postmodo Cimbros apud Campos Raudios in Padana regione profligavit; sic populum Romanum a barbarorum incursionibus liberavit. Nam Germanorum gentes apud Campos Raudios per Italiae solum non amplius processerunt, sed consciae virtutis Romanorum cum reliquiis copiarum Alpes iterum superaverunt et in Germaniam remeaverunt. Cum[1] ergo Marius ad Urbem revertit, cuncti cives obviam duci victori processerunt, atque ob tantas victorias honorem decreverunt.

1 'when'.

IX. FOURTH DECLENSION

42. The Golden Age

Pristini homines agrorum cultum non exercebant, sed terrae fructus manibus carpebant, agrestium animalium carnem et beluarum pelles arcubus sibi[1] parabant. Domus non aedificabant, itaque in recessibus, procul a ferarum incursionibus[2], dormiebant. Aliquando hostium fulminumque metu in obscuris specubus nocte quiescere praeoptabant. Temporis decursu[3] homines vitam mutaverunt: agros colere ac animalia educare inceperunt vicosque in locis fluminibus vel lacubus proximis condiderunt. Neque leges neque magistratus habebant, sed in tribubus patres omnes discordias iudicabant.

1 'They procured the flesh of the animals and the skins of the beasts with bows'.
2 'Far from the attacks of animals'.
3 'With the passage of time'.

43. Description of a house

Domus mea parva, sed decora atque venusta est. Aedificium in suburbio surgit: frons orientem solem[1] spectat, posticum autem ad occasum vergit. Aedes in amoeno viridiario sunt scite atque diligenter culto[2], irriguo et arboribus ordine dispositis[3]; viridiarium autem densa saepes cingit. Loci situs sane opportunus est, simul haud procul a foro satisque a constipatione, fremitu atque clamore urbis segregatus. Aestivo tempore Phoebi fulgor multo mane totam domum somno excitat, cubicula viva luce inundat et ad opus stimulat; hieme autem tenuis et pigra lux otium et quietem in lectuli tepore conciliat. Pater meus magistratus est et forum frequentat. Mater autem domi[4] remanet, attamen numquam otiosa est: ab aurora usque ad vesperum cellas lustrat, supellectilem tergit, pulverem assidue e stragulis excutit. Ceterum in domo mea modesta supellex est: nam divitiae furibus et latronibus lucri occasio sunt[5].

Atrium of a house of Ostia.

1 Literally, 'the rising sun'.
2 'In a pleasant garden cultivated in a wise and diligent way'.
3 'Watered and with the trees arranged in order'.
4 'At home'.
5 'Because riches are an opportunity of gain for thieves and bandits'.

44. The triumph

The triumph (triumphus) was a ceremony in which a victorious general paraded through Rome at the head of his troops. After Augustus, the triumph was reserved exclusively for the emperor and the imperial family. In the absence of a greater triumph, the winning general could also receive an ovation. The triumphal parade was granted by the Senate and could take place long after the campaign. The victorious general had to have imperium (consul, dictator or praetor) and had to take his army to Rome, as proof that the war was over.

After entering the sacred precinct of the city (pomoerium), the victorious general abandoned his military command power (imperium), as a symbol of his return to the condition of simple citizen. The courtship of the triumph was headed by the carriages that carried the booty (works of art, coins and weapons). Then came the members of the Senate, followed by the defeated wardlords and their families. Next, the triumphal carriage appeared, dragged by four white horses, over which passed, among the acclamations of the public, the victorious general (imperator), with the painted face of m ini as the statue of Capitoline Jupiter, and crowned with laurel (symbol of victory). The legionaries followed him, crowned with laurels and oak.

The triumph of Titus, in the arch dedicated to the emperor.

Exercitui et duci victori senatus triumphum decernebat. Solemni cum ingressu dux intrabat in urbem. Equi albi currum trahebant: dux togam pictam et tunicam palmatam induebat, manu scipionem eburneum gerebat et in capite coronam lauream. Ante ducis currum captivi fletu et metu muti procedebant. Post currum milites magno cum plausu «Io triumphe!» clamabant, et carmina scurrilia imperatori canebant non sine strepitu et cachinnis. Ante portas urbis senatus duci occurrebat et pompam triumphalem usque ad Capitolium ducebat. Ibi sacerdotes albas hostias Iovi immolabant.

45. The human body

Humanum corpus membra quattuor habet: duo bracchia duoque crura. In bracchiis manus sunt, atque in manibus digiti decem; in cruribus sunt duo pedes. In manibus pedibusque sunt ungues. Duo pedes et duae manus in corpore humano sunt. In hominis corpore unum caput est atque in capite duo oculi et duae aures, unus nasus et unum os. In ore lingua et dentes sunt. Capillus supra caput est et supra oculos frontem habemus. Caput est supra collum et infra collum est pectus. In pectore cor est atque sanguis in cor per venas fluit. In pectore sunt quoque pulmones atque infra pulmones est venter. Homines flectunt bracchia cubitis et crura genibus, nam cubitus est in bracchio atque genu in crure est. Color sanguinis ruber est, dentes albi sunt. Post frontem cerebrum est atque in cerebro sedem rationis cogitationisque habemus.

X. FIFTH DECLENSION

46. Hannibal

Hannibal ingentes exercitus comparavit et unum in Africam misit, alterum cum Hasdrubale fratre in Hispania reliquit, tertium in Italiam duxit. Cum peditatu et equitatu Pyrenaeos montes Alpesque superavit et in Italiam pervenit. Tum P. Cornelius Scipio transitum Rhodani duci Carthaginiensi frustra prohibere temptavit[1] et postea in Italiam venit. Statim Hannibal apud Ticinum flumen proelio equestri devicit Scipionem atque senatus Romanus celeriter ex Sicilia alterum consulem Sempronium revocavit. Sed Hannibal etiam Sempronium apud Trebiam flumen vicit; inde per Ligures in Etruriam movit, cum consule C. Flaminio proelium apud lacum Trasumenum commisit et Romanorum exercitum delevit. Post proelium apud Trasumenum in Apuliam contendit. Magnus fuit Romae et Romanorum terror et senatus adversus Hannibalem misit Q. Fabium dictatorem. Sed novam belli rationem Q. Fabius adhibuit, quae[2] Romanis displicuit; senatus contra Hannibalem novas copias et ingentem exercitum misit. Sed etiam apud Cannas Hannibal vicit Romanos exercitumque hostium delevit.

1 'He tried to prohibit'.
2 'Which, what'.

47. Cassandra

Multos per annos Graeci Troiam oppugnabant et in planitie sub urbis moenibus ancipiti[1] fortuna multa proelia gerebant. Cassandra, regis Priami filia et Apollinis sacerdos, futura[2] prospiciebat et suis civibus[3] patriae cladem perniciemque praedicebat. Tamen Troiani Cassandra mendacem iudicabant: puellae verbis fidem non tribuebant et in omnium rerum desperatione magnam victoriae spem servabant. Equi dolo post longam annorum seriem Graeci Troiam expugnaverunt; ita hostium acies urbem occupaverunt et omnia ferro ignique vastaverunt. Postremo Cassandra et aliae mulieres Troianae Graecis servire coactae sunt[4].

Ajax and Cassandra. Johann Heinrich Wilhelm Tischbein, 1806.

1 'With a variable luck'.   3 'to his citizens'.
2 'the future, the future events'.   4 'They were forced to serve the Greeks'.

48. Narcissus

Narcissus puer eximiae pulchritudinis fuit. Parentes quondam Tiresiam vatem de filii fato consulerunt et ille[1] sic respondit: «Ne aspiciat umquam faciem suam[2], si senectutem attingere cupit». Matris et patris opinione vates mendax erat, sed res oraculum confirmaverunt. Olim Narcissus, iam adulescens, feras in silvis agitabat. Quoniam valde sitiebat, apud liquidum fontem constitit, effigiem suam in aqua aspexit et: «Rem mirabilem» dicit «video: numquam vero faciem tam pulchram vidi, neque videbo». Res adulescentis pernicies fuit: nam Narcissus amore faciei suae arsit, diu languit et cibo potioneque se abstinuit[3], donec oculos operuit et animam efflavit.

1 'That' (subject).

2 'May he never look at his face'.

3 'He abstained from food and drink', that is, 'to eat and drink'.

XI. PLUPERFECT INDICATIVE

49. Pyrrhus

Roma Tarento bellum indicebat, nam legatis Romanorum Tarentini iniuriam fecerant. Tarentini Pyrrum, Epiri dominum, contra Romanos in auxilium poscebant et Pyrrus mox ad Italiam veniebat, tumque primum Romani cum transmarino adversario dimicabant. P. Valerius Laevinus pugnam contra Pyrrum committit et iam Romanorum adversarius fugit, sed postea elephantorum auxilio vincit: beluae enim tam magnae et ignotae Romanos expavescunt. Sed mox proelium finit et Laevinus fugit, Pyrrus multos Romanos capit, at eos[1] summa reverentia tractat, caducos sepelit.

1 'Them' (direct object).

50. Ulysses and the Cyclops

Postquam Ulixes eiusque comites in Africae litoribus lothofagos cognoverant et dulcis loti crudelem suavitatem vitaverant, brevi tempore ad Cyclopum insulam pervenerunt. Cyclopes genus ferum et agreste erant: in speluncis lapideis iuxta mare in orientali Siciliae ora antiquis temporibus fuerant. Ingenti corporis vi praediti[1], unum oculum[2] in media fronte habebant salubremque pastorum vitam inter oves agebant. Famem piscibus vel ovium carne vel caseo extinguebant, sitim lacte. Ulixes cum paucis sociis in Polyphemi speluncam intraverat, at Cyclops, qui hospitalitatis immemor erat[3], infelices homines in antro clausit et nonnullos etiam interfecit editque; nam, Cyclopes omnia deum hominumque iura despiciebant. Ulixes tamen, vir ingenti calliditate, Polyphemum singulari artificio decepit: postquam Graecus vir ei multum vinum praebuerat[4] quod Cyclops biberat, in somno turpe monstrum oculo privavit[5] et tali modo praeceps e tristi spelunca tandem evasit, incolumis et felix.

1 'Endowed with great strength of body'.
2 'One eye'.
3 'That he did not remember hospitality'.
4 'After a Greek man gave him a lot of wine'.
5 'He deprived him of an eye'.

XII. PRONOUNS

51. Jupiter becomes king of the gods

The Titanomachy. Cornelis Cornelisz van Haarlem, 1596-1598.

Postquam[1] Iuppiter adolevit, Saturnum patrem de caelo praecipitavit et
fratribus sororibusque ab eo devoratis[2] vitam restituit. Eorum auxilio postea
asperum bellum contra Saturnum et Titanes gessit, quod victor[3] evasit. Tum
Saturnum cum Titanibus in tenebrosum Tartarum deiecerunt Iuppiterque
totius orbis[4] imperium obtinuit, quod cum fratribus divisit: maris regnum
Neptuno, inferorum sedem Plutoni, caelum autem sibi attribuit; terra
communis possessio fuit. Sub Iovis imperio homines aetatem argenteam
degerunt; homines non, ut antea[5], ver aeternum habuerunt, sed quattuor
tempora, ver, aestatem, autumnum, hiemem cognoverunt. Tum primum
homines agros coluerunt.

1 'After that'.
2 'To the brothers and sisters devoured by him'.

3 'From which he emerged victorious'.

4 'From around the world'.

5 'As before'.

52. The wolf and the dog

Lupus macie confectus[1] cani perpasto occurrit[2]. Huic ille dixit: «Tu nites, ego esurio». Tum canis, vicinam domum ei indicans[3], ita respondit: «Illam domum custodio; igitur dominus mihi ossa et carnem ex mensa iactat. Sic sine labore ventrem meum impleo. Tibi quoque dominus meus ossa carnemque dabit, si illi officium meum praestabis. Sub illo tecto securus vives, nec iam in silvis nives imbresque tolerabis. Mihi comes eris et ego te erudiam». Lupus gaudet nec recusat. At in medio itinere[4] videt attritum canis collum. Tum canem interrogat: «Unde est istud?». Respondet canis: «Nugae sunt! Servi me interdiu alligant: sic melius nocte vigilo». Lupus autem exclamat: «Non iam tibi invideo, canis! Ista mihi non placent. Libertatem optabiliorem quam vitae commoda existimo[5]. Libertatem meam catenae tuae antepono».

1 'Consumed by meagerness'.

2 'Ran to meet a well-fed dog'.

3 'Showing him an adjoining house'.

4 'In the middle of the road'.

5 'I consider liberty more desirable than the comforts of life'.

53. The boastful Menecrates of Syracuse

Menecrates medicus valde superbus erat et se similem Iovi existimabat. Olim Philippus, Macedonum rex, sumptuosas epulas paravit; inter convivas etiam Menecratem invitavit, sed ei mensam seorsum instruxit. Ante omnes convivas servi cibos et potus exquisitos apposuerant; ante medicum autem solum tura et odores posuerunt, sicut ante simulacra deorum. Primum medicus magno gaudio exsultavit propter honorem; postea autem, famis morsibus excruciatus, cibum petivit. At rex subridens: «di nec fame», inquit, «nec siti laborare debent[1]». Tali modo Philippus eius superbiam ludificavit atque punivit.

1 'The gods do not have to suffer from hunger or thirst'.

54. Prometheus

Statue of Prometheus at the Rockefeller Center in New York.

Prometheus, Iapeti filius, primus[1] homines ex luto finxit. Postea Vulcanus, Iovis iussu[2], feminae simulacrum fecit, cui Minerva animam dedit, ceterique di[3] alia dona dederunt. Ideo feminam Pandoram appellaverunt (nam Graeca lingua Pandora «omnia dona» significat), eamque in coniugium Epimetheo dederunt. Hi Pyrrham filiam genuerunt, quae prima mortalium in terra habitavit. Postea Prometheus, benevolentia erga mortales motus[4], aliud munus[5] donavit: flammam ex deorum foco abripuit et in terras transportavit. Homines valde grati Prometheo fuerunt, sed mox cupiverunt cum diis ipsis contendere. Iuppiter igitur Prometheum crudeliter punivit: in Caucaso monte clavis eum fixit.

1 'He was the first in'.
2 'By order of Jupiter'.
3 'The other gods'.
4 'Moved by benevolence towards mortals'.
5 'He gave another gift'.

55. The battle between Cyclops and Titans

In Aetnae cavernis fumida strepensque Vulcani officina erat: ibi vivebant Cyclopes, Vulcani opifices et fidi Iovis amici. Hi deorum regi fulmina excudebant, quae deus hominibus iratus saepe de nubibus contorquebat[1]. Eodem loco Gigantes quoque sedem habebant. Ab his omnibus Iuppiter auxilium petivit –quod illi libenter praestiterunt– contra Titanos, qui Saturnum in regnum restituere exoptabant. Tum primum Cyclopes et Gigantes contra Iovis hostes conflixerunt: Cyclopes hastas igneas vibrabant, Gigantes ingentia saxa magna vi coniciebant. Tela utrimque volant: aliqui Titanes in acie cadunt, ceteri horrendum in modum clamant atque acri impetu in pugnam irruunt. Clamor terribilis strepitusque horrendus omnia complent. Postremo Iuppiter victor evasit[2]: Titanos fulmine percussit atque in Tartarum deiecit.

1 'That the god, angry with men, often shot from the clouds'.
2 'was victorious'.

XIII. PASSIVE VOICE. PRESENT-TENSE SYSTEM

56. The sacrifices

Sacrificium, ut Plato dixit, diis donum est: nam sacrificio homines pace a deis petebant. Saepe, Athenis et Romae, in sacrificio animalia necabantur: hostiae ad aras ducebantur, et interim spectatores a sacerdote monebantur. Sacerdos hostias immolabat, id est[1], animalium capita mola salsa conspergebat: mola salsa a virginibus Vestalis parabatur, constabatque ex sale et farina. Denique cultro vel, si hostia magna erat, securi[2], animal caedebatur. Exta et carnes ab hominibus consumebantur, ossa autem, adipe involuta[3], in ara exurebantur: itaque fumus ad deos perveniebat et eos gaudio afficiebat.

1 'That is to say'.
2 'With an ax'.
3 'Coated'.

57. The battle

Legatus porta decumana[1] in castra[2] intrat et ad praetorium recte pervenit. Interdum legionarii indefessi castella muniunt, vallum aedificant, fossas deprimunt. Centuriae fabri[3] mira tormenta magna cum peritia parant.

Proelium alacriter paratur. Tandem aquilifer strenuus in Gallos signa inferre[4] incipit, at mox sagittariorum telis icitur ac humi exanimus iacet. E vallo subito erumpunt legionarii et oppidum petunt. Tubae sono sagittarii tela mittunt, legionarii magno animo proelium committunt. Oppidanis autem auxilium perveniunt proeliique fortuna mutat. Tunc veterani in proelium immittuntur et sociis auxilium praebent. Propter adversam fortunam Galli indutias a Romanorum legatis petunt.

War scene in a Roman sarcophagus. Palazzo Altemps (Rome).

1 'trough the *porta decumana* (rear gate)'.
2 'In the camp'.
3 'The artisans of the century'.
4 *Signa inferre*: 'attack'.

58. Mucius Scaevola

Mucii Scaevolae clara historia a Romanis[1] traditur. Post Tarquinii Superbi exilium, a Porsenna, Tuscorum rege et Tarquinii amico[2], Roma obsidebatur. Mucius Porsennam occidere in animo habebat[3], sed eum ignorabat: itaque non Porsennam, sed alium virum gladio transfigit. Mucius statim capitur, gladio privatur et ante Porsennam ducitur. Interim ob sacrificium foculus prunis plenus adducebatur: dexterum bracchium in focum Mucius imponit, et dicit:

«Hoc bracchium errabat, hoc bracchium nunc punietur». A foco[4] Mucii bracchium consumitur: itaque «Scaevola» appellatur, quia «scaeva» sinistra significatur.

1 'by the Romans'.
2 'By Porsenna, king of the Etruscans and friend of Tarquinius'.
3 'intended to kill Porsenna'.
4 'By the fire'.

59. Judea and Samaria

Ruins of the lost city of Samaria.

Iudaea regio Palestinae est et ex nomine Iudae appellatur, ex cuius tribu[1] reges habuit. Haec prius Chanaan nominabatur. Eius longitudo a vico Arfa usque ad vicum Iuliadem patet, in quo[2] Iudaeorum ac Tyriorum communis habitatio est. In latitudinem ab ea[3] spatium occupatur e monte Libano usque ad Tiberiadem lacum. In media Iudaea civitas Hierosolyma est, quasi umbilicus regionis totius[4]. Terra variarum opum dives est, frugibus fertilis, aqua illustris, opima balsamis. Samaria, regio Palestinae, ab oppido quodam nomen accepit, quod[5] vocabatur Samaria, civitas quondam regalis in Israël, quae[5] nunc Sebastia nuncupatur. Haec regio inter Iudaeam et Galilaeam media iacet.

41

1 'Tribe of which', 'from whose tribe'.
2 'In which'.
3 'by it' (agent).
4 'Of all the region'.
5 'which' (singular nominative of the neuter and feminine relative, respectively).

60. Narcissus

Clara fabula miseri Narcissi, Cephissi fluvii filii, ab Ovidio poeta narratur. Erat Narcissus pulcher puer sed superbus: nam puellae et Nymphae ardenter Narcissum cupiebant, sed ab eo spernebantur; puer enim amatoriis gaudiis venatorium studium anteponebat. Propter ferum ingenium Narcissus igitur a deis punitur. Olim puer ad rivum appropinquat et bibere incipit[1]; in aqua formam suam videt, nimia miraque flamma ardet et puerum, quem spectat[2], cupit. Frustra alba bracchia in aqua mergit et vacuum simulacrum captat. Denique amore non satiatio vincitur: de vita decedit et Nymphae pueri mortem lugent. Narcissi corpus in rogum imponitur, sed miro prodigio evanescit et exsistit de nigra terra croceus flos, quem «narcissum» appellamus[3].

1 'starts drinking'.
2 'that looks'.
3 'that we call «narcissus»'.

61. Divination among the Romans

Auguries or auspices are techniques of consultation or interpretation of different signs that divine the will of the gods. According to Festus (IV century AD), the signs could be of five kinds: those coming from birds, those coming from the behavior of sacred chickens, those having to do with sky phenomena, those provided by the quadruped animals and signs originating in unfortunate omens, which take place in a fortuitous way. Omens derived from observing the flight of the birds (auspicium) had to be interpreted by the augurs (augures). These previously determined the region of the sky that would be observed. They did it by means of a cane or lituus. It was a good omen that the birds appeared on the left of the augur, and a bad one if they did on the right. Sibyls were diviners in charge of pronouncing the oracles of Apollo. Thanks to Varro (I BC), we know some of them, most of which are Greek. Those that have relation with the Roman religion are the Cumaean Sibyl and the Tiburtine Sibyl. The Cumaean Sibyl accompanied Aeneas in his descent to the underworld and sold the Sibylline books to Tarquinius.

An augur consults the will of the gods observing the flight of the birds. Bernhard Rohde, 1768.

Romani vera putabant auguria et praesagia: multa et diversa vaticinia a sacerdotibus pronuntiabantur et ita futurum[1] praedicebantur. Deorum proposita avium volatu vel pullis sacris declarabantur. Etiam Graeci praesagia trahebant et multa clara oracula habebant: ad deum Apollinem apud Delphos legati saepe veniebant et verum responsum dei orabant. Ab Etruscis populus Romanus antiquam haruspicinam didicit: haruspices extra victimarum sacrificiorum scrutabant et praesagia atque auguria nuntiabant. Sibyllae autem, feminae fatidicae Apollinis, a deo inflabantur, et oracula et responsa edebant, in Graecia et in Italia. Sibylla Cumana clara erat: in obscuro et tuto antro vivebat apud Cumas, in Campania. Sibyllae vaticinia in foliis palmarum scribebantur et postea colligebantur in libris Sibyllinis, qui[2] in Capitolio custodiebantur.

1 'The future' (subject).
2 'Which' (subject).

XIV. PARTICIPLES

62. Cincinnatus

Aequi exercitum Romanorum cum Minucio consule in algido monte obsessum tenebat et Roma in magno periculo erat. Tunc senatores dictatorem creaverunt et exercitui praefecerunt L. Quinctium Cincinnatum, virum insignem simplicitate morum[1]. Nuntii Cincinnatum in parvo praedio trans Tiberim invenerunt, agros viribus suis colentem. Senatus iussu Cincinnatus imperium assumpsit et ad legiones contendit; tum demum Romanorum virtus refulsit. Dictator enim hostium munitiones circumvenit et a commeatibus seclusit; ita brevi tempore Romanos obsidione liberavit, Aequos ad deditionem coegit ac Romam revertit[2]. Populus magnificum triumphum dictatori decrevit sed Cincinnatus, agrestem vitam dictaturae anteponens[3], imperii signa deposuit atque rus et ad opus intermissum remeavit.

1 'Man distinguished by the simplicity of manners'.
2 'He returned to Rome'.
3 'setting the countryside life before the dictatorship'.

63. The inhabitants of Campania ask for help from the Romans

Temple of Apollo in Pompeii.

Adversus Samnites, gentem opibus armisque validam, Campani arma moverunt, sed, victi proelio et intra moenia sua compulsi, quod viribus suis iam non confidebant[1], a Romanis auxilium petiverunt. Eorum legati in curiam introducti haec dixerunt verba: «A populo Campano nos legati ad vos, patres conscripti, missi sumus[2], amicitiam in perpetuum, auxilium petituri[3]. Fuit apud vos semper iusta causa amicitiae. Nunc acerbum ac miserum est quod

44

fortuna nostra nos cogit dicere[4]. Si nos deseritis, Samnitium erimus; si nos defenditis, vestri. Vobis arabimus agrum Campanum: in conditorum, parentum, deorum numero nobis eritis; a nulla colonia vestra nos et obsequio erga vos et fidelitate superabimur».

1 'Since they did not trust their forces'.
2 'We have been sent'.
3 'to ask for assistance'.
4 'What our luck compels us to say'.

64. Trajan

Gloriam tamen militarem civilitate et moderatione superavit, Romae et per provincias aequalem se omnibus exhibens[1], amicos frequentans, convivia cum isdem indiscreta vicissim habens, saepe in vehiculis eorum sedens, nullum senatorum laedens, nihil iniustum ad augendum fiscum[2] agens, liberalis in cunctos, publice privatimque ditans omnes et honoribus augens, per orbem terrarum aedificans multa, inmunitates civitatibus tribuens, nihil non tranquillum et placidum agens, adeo ut[3] omni eius aetate unus senator damnatus sit[4] atque is tamen per senatum ignorante Traiano. Ob haec per orbem terrarum deo proximus nihil non venerationis meruit et vivus et mortuus.

Trajan's markets, in Rome.

1 'Showing himself equal to everybody'.
2 'To increase the treasury'.
3 'To the extent that'.
4 'Was condemned'.

65. The peoples of Gaul

Inter populos Galliae antiquae perpetua discordia erat. Itaque bella non desinebant. Validus populus Aeduorum velut dominus vicinos suos premebat. Aeduorum adversarii erant Sequani, qui[1] ad Sequanae ripas incolebant. Sequani, fortuna sua non contenti, per legatos[2] Ariovisto auxilium contra Aeduos petebant. Ariovistus cum magnis copiis Sequanos succurebat. Iam Germani sicut tyranni superbi Gallis suum imperium imponebant. Adimebant Gallorum arma, expellebant agricolas ex vicis, nimia tributa exigebant.

1 'Who'.

66. Aurelius Alexander

Successit huic[1] Aurelius Alexander, ab exercitu Caesar, a senatu Augustus nominatus, iuvenis admodum, susceptoque adversus Persas bello Xerxen, eorum regem, gloriosissime vicit. Militarem disciplinam severissime rexit. Quasdam[2] tumultuantes legiones integras exauctoravit. Adsessorem habuit vel scrinii magistrum Ulpianum, iuris conditorem. Romae quoque favorabilis fuit. Periit in Gallia militari tumultu tertio decimo imperii anno et die nono. In Mamaeam, matrem suam, unice pius[3].

1 Refers to Heliogabalus.
2 'Some'.
3 'He was only pious towards Mamaea, his mother'.

67. Cincinnatus

Aequi, antiquus Latii populus, Romanorum exercitum et consulem Minucium profligaverant et cum ingentibus copiis Romae moenia obsidebant. Omnium Romanorum civium animi magno metu capti erant et iam de salute desperabant[1], cum Lucius Quinctius Cincinnatus, qui consul fuerat et Romanos exercitus ad victoriam duxerat, a senatu dictator creatus est. Sed Cincinnatus iam a publicis negotiis se removerat, ruri[2] vivebat et senatus legati eum invenerunt dum agellum suum trans Tiberim arat. Sed Cincinnatus, legatorum rogatu, statim aratrum reliquit et Romam accurrit, ubi dictatoris insignia sumpsit et contra hostes exercitum duxit. Aequorum copiae Romanorum militum impetui non restiterunt[3], ab urbis defensione destiterunt et in suos fines reverterunt. Cincinnatus Romam victor revertit[4], ubi triumphum celebravit, sed post paucos dies dictatura abdicavit et ad agellum suum trans Tiberim revertit.

1 'had no hope of salvation'.
2 'In the countryside'.
3 'did not resist the assault of the Roman sieges'.
4 'returned victorious to Rome'.

XV. PASSIVE VOICE. PERFECT-TENSE SYSTEM

68. Spartan discipline

Three Spartan boys shooting at the arch.
Christoffer Wilhelm Eckersberg, 1812.

Ab antiquis scriptoribus saepe nobiles Lacedaemoniorum civium sententiae memorantur. Spartanus miles, dum claudus ad pugnam descendit, ab amico nimia temeritate increpitus est. Sic fortis vir respondit: «Claudus sum, sed propositum meum est pugnare, non fugere[1]». Alius Spartanus vir, cum ingens bellum cum Persis imminebat, postquam amicus dixit: «Persae sagittis solem obscurabunt», bono animo respondit: «Bene narras: in umbra enim pugnabimus!». Nec omitto aliud Laconicae virtutis exemplum: postquam hospes patriae muros altos latosque Lacedaemonium viro ostendit, Spartanus dixit: «Si mulieribus tantos muros comparavistis[2], recte fecistis, si autem vestrae urbis viris, turpiter».

1 'My goal is to fight, not flee'.

2 'If you have built walls of such size for women'.

69. Portrait of Caligula

These, as enemies of the former emperor, he hated for their abusive remarks; and he hated equally those who in any way praised Tiberius, as being the other's Friends. [...] Again, though, according to his own account, he had given up his anger against those who had conspired against his father and mother and brothers, and even burned their letters, yet put to death great numbers of them on the strength of those letters. He did, it is true, actually destroy some letters, but they were not the originals containing the absolute proof, but rather copies that he had made. Furthermore, though he at first forbade any one to set up images of him, he even went on to manufacture statues himself; and though he once requested the annulment of a decree ordering sacrifices to be offered to his Fortune, and even caused this action of his to be inscribed on a tablet, he afterwards ordered temples to be erected and sacrifices to be offered to himself as to a god. He delighted by turns in vast throngs of men and in solitude; he grew angry if requests were proferred, and again if they were not proferred. He would display the keenest enthusiasm about various projects, and then carry out certain of them in the most indolent fashion. He would spend money most unsparingly, and at the same time show a most sordid spirit in exacting it. He was equally irritated and pleased, both with those who flattered him and with those who spoke their mind frankly. Many who were guilty of great crimes he neglected to punish, and many who had not even incurred any suspicion of wrong-doing he slew. His associates he either flattered to excess or abused to excess. As a result, no one knew either what to say or how to act toward him, but all who met with any success in this respect gained it as the result of chance rather than of shrewd judgment.

Cassius Dio, Roman History 59, 4 (Loeb Translation)

Statura erat eminenti, colore expallido, corpore enormi, gracilitate magna cervicis et crurum, oculis et temporibus concavis, fronte lata et torva, capillo raro at circa verticem nullo, hirsutus cetera[1]. Os vero natura horridum ac taetrum etiam ex industria efferabat, quia id componebat ad speculum in omnem terrorem ac formidinem. Valitudo ei neque corporis neque animi constitit. Puer comitiali morbo vexatus est, in adulestentia satis patiens laborum erat. Forsitan potionatus est a Caesonia uxore amatorio quidem medicamento, sed quod[2] in furorem vertit. Incitabatur insomnio maxime; neque enim plus quam tribus nocturnis horis quiescebat neque placida quiete, sed pavida miris imaginibus. Ideoque magna parte noctis nunc toro residebat, nunc per longissimas porticus vagus invocabat identidem atque expectabat lucem.

1 'As for the rest'.
2 'But which'.

XVI. POSSESSIVE ADJECTIVES

70. Bacchus and Ariadne

Bacchus and Ariadne. Tiziano, 1520.

Post Minotauri necem Theseus e Labyrintho incolumis evasit et patriam versus cum Ariadna navigavit, sed postea puellam super scopulis in Naxo insula dormientem reliquit[1]. Frustra venusta puella lacrimarum flumen profudit, frustra acerba verba et inutiles preces numinibus convertit. Olim autem puellam apud pelagi ripas sopitam conspexit Bacchus: comae ad solis

49

radios fulgebant et brachia molliter remissa iacebant. Bacchus, subito amore incensus, appropinquavit et: «Nimis», inquit, «oculi tui fleverunt, nunc rursum subridere debent: nisi gratum amorem recusas, uxor mea eris, simulque perenni vinculo amoris coniuncti vitam degemus». Talia verba statim Ariadnae animum recreaverunt atque confirmaverunt. Tum Bacchus coronam auream puellae capiti imposuit, sed cum corona Ariadnae frontem tetigit confestim in auras assurrexit: coronae gemmae ad astra pervenerunt et in Coronae sidus se converterunt[2].

1 'He left the girl while she was sleeping'.
2 'became stars'.

71. Cornelia

Cornelia, Gracchorum mater, mulier praeclara fuit. Post immaturam mortem viri, ipsa[1] filios educavit, eorum animos maximis virtutibus ornavit. Loquax matrona Campana, die quadam[2], Corneliae res suas pretiosas ostendit. Erant pulchri anuli, pulchrae armillae, gemmae, zonae pictae, stolae, calceoli. Harum rerum artifices fuerant celeberrimi aurifices et noti sutores Graeci. Cornelia illius matronae sermonem tacita audivit, deinde liberos suos exhibuit et sic exclamavit: «Haec sunt ornamenta mea et omne meum gaudium! Gloria horum liberorum est etiam gloria mea».

1 'She herself'.
2 'one day'.

XVII. RELATIVE PRONOUN

72. The king Ninus

Temporibus antiquis, gentium nationumque imperium penes reges[1] erat, quos ad fastigium maiestatis non ambitio popularis, sed spectata inter bonos moderatio provehebat. Populis nullae leges erant, arbitria principum pro legibus erant. Fines imperii servare magis quam amplificare mos erat[2]. Primus omnium Ninus, rex Assiriorum, veterem morem nova imperii cupiditate mutavit. Ille primus gessit bella cum finitimis et populos usque ad Lybiae terminos perdomuit, deinde totius Orientis populos subegit. Postremum bellum Nino fuit cum Zoroastre, rege Bactrianorum, qui primus, ut dicunt, artes magicas invenit et mundi principia siderumque motus diligenter spectavit. In bello Ninus Zoroastrem occidit, sed ipse decessit.

1 'In the power of kings', 'in the hands of kings'.

2 'It was customary to preserve the borders of the empire rather than expand them'.

73. The Temple of Janus

Bust of Janus in the Archaeological Museum of Istanbul.

Janus, father of the god of fountains (Fons), had two faces, which looked towards both sides of his profile. He was the god of doors, beginnings and endings, changes and transitions, all the moments in which the threshold separating the past and the future is passed. He was honored every time a new project was started, a child was born or a marriage was contracted. He was addressed at prayers in the morning and was invoked in domestic tasks. He was also invoked when a war began, and while it lasted, the doors of his temple remained open; when Rome was at peace, the doors closed.

He was considered a bridge between rural and urban life. The first month of the year was also consecrated to him (Ianuarius, from which the English word January derives). In addition to God, Janus was a kind of cultural hero, since he is credited with the invention of money, laws and agriculture, among other things. He carries a key (because he is the guardian of the doors), a crutch and, sometimes, two numbers in the hands (the 300 to the right and the 65 to the left, which together symbolize the year).

Augustus, de quo historici miras res narrant, Gallias et Hispaniam item Germaniam pacavit; Aegyptum imperio populi Romani adiunxit et omnium provinciarum fines auxit. Post Actiacam pugnam Iani clausit templum, quod clausum in pace, apertum in bello erat. Hoc templum, cuius fama adhuc manet, Romani ter clauserunt: primum sub Numa, qui rex pius et pacis studiosus fuit, iterum post primum bellum Punicum, postremo, ut diximus[1], aetate Augusti. Antiquissimus fuit apud Romanus cultus Iani, cui Numa dicavit in foro singulare templum. Ianus, quem Latini et Romani maxime coluerunt, Ianuario mensi et Ianiculo monti nomen dedit[2].

1 'As we have said'.
2 'He named the month of January and Mount Janiculum'.

74. Alexander the Great

Sarcophagus of Alexander (IV century BC), in the Archaeological Museum of Istanbul.

Res mirabiles de Alexandro Magno dicuntur. Nam nocte qua eum mater concepit, ingens serpens apparuit, qui corpus eius circumvolvebat; eadem die, duae aquilae supra culmen domus patris eius sederunt, quasi omen duplicis imperii[1]: Europae et Asiae. Praeterea, ea die, eius pater nuntium duarum victoriarum accepit: alterum belli Illyrici, alterum certaminis Olympici, in quod quadrigarum currum miserat; id omen universi orbis terrarum victoriam infanti portendebat. Is enim, admodum iuvenis[2], immensum imperium condidit.

1 'As a harbinger of a double empire: Europe and Asia'.
2 'Still young'.

75. Simonides of Ceos

In scopulos incidit navis, qua domum Simonides poeta revertebat. Tum omnes naufragi[1], praeter Simonidem, suas res pretiosas ex nave colligebant. Haec poetae neglegentia movit stuporem naufragorum, qui ei dixerunt: «Cur tu ex opibus tuis nullam rem sumis?». Quibus Simonides[2]: «Omnia mea mecum porto[3]» respondit. Idem responsum dedit Stilpon philosophus Demetrio regi, qui Megara, patriam philosophi, ceperat. Atqui Simonides in naufragio omnes suas res amiserat, atque item Stilpon liberos, quos quidem vehementissime amabat, amiserat. Sed illi secum vera bona portabant, doctrinam scilicet et virtutem, quas tempestas non dissipat et in quas hostis manum non inicit.

1 'All the castaways'.
2 'To whom Simonides (said)'.
3 'All that is mine I carry with me'.

76. Pyrrhus

Legati Romani magnis iniuriis a Tarentinis vexabantur. Statim Romani Tarentinis bellum indicunt: Romanae copiae contumelias Tarentinorum punire volunt et ad Tarenti muros accedunt. Tum Tarentini, quia[1] inimicum imperium metuunt, Pyrrhum ex Epiro in Italiam advocant. A Pyrrho Tarentum in Apuliam per pelagus statim copiae[2] transportantur et castra ponuntur. Viri Romani cum adversario pugnabant proeliumque asperum erat. Nam Romani strenui viri putabantur et Pyrrhi copias fere vincebant, cum[3] subito magni elephanti apparent, quos[4] Pyrrhus habebat. A copiis Romanis, quod[5] beluae ignorabantur et periculosae putabantur, terrificum spectaculum non sustinetur, itaque cum equis et armis statim in castra portento territi[6] veniunt. Magna nec grata victoria Pyrrho est: nam Pyrrhus immensum virorum mortuorum numerum in campo videt; funesta denique victoria est. Inde «Pyrrhi victoria» etiam hodie sinistram fortunam significat. Bellum Pyrrhi a poetis celebratur et semper in Romanorum memoria vivet.

1 Causal conjunction, 'given that'.

2 *Copiae -arum* in plural means 'troops'.

3 Temporal conjunction, 'when'.

4 Relative pronoun (accusative plural masculine, referred to *elephanti*), 'which'.

5 Causal conjunction, 'given that', 'since'.

6 'Frightened by the omen'.

77. The death of Caesar

Coniurati Caesarem circumsteterunt et ilico processit Tullius, qui aliquid rogavit, et Caesari ab utroque umero[1] togam arripuit. Deinde alter Caesarem vulnerat in pectore. Caesar Cascae bracchium arreptum stilo traiecit, sed alio vulnere tardatus est[2]. Ut vidit densos undique pugiones, toga caput operuit et simul sinistra manu partem extremam ad crura deduxit. Atque ita XXIII ictibus transfixus est, sed Marco Bruto irruenti[3] Graece dixit: «Tu quoque, Brute, fili mi?». Dum diffugiunt cuncti, aliquamdiu iacuit exanimis, donec, in lecticam impositum, tres servuli domum rettulerunt. Nec in tot vulneribus, ut medicus postea existimavit, letale ullum repertum est, nisi secundum quod in pectore acceperat[4].

1 'from the two shoulders'.

2 'But he was stopped by another wound'.

3 'To Marcus Brutus, who was rushing (towards him)'.

4 'Except the second, which he had received in his chest'.

XVIII. ADVERBS

78. The death of Alexander the Great

Babylonia, inter apparatus expeditionis in Arabiam, gravi febre Alexander e vita excessit. Diu ploratu lamentisque et planctibus tota regia resonabat; mox velut in vasta solitudine triste silentium fuit. Omnes dolore muti erant. Nobiles pueri, custodiae corporis Alexandri assueti[1], doloris magnitudinem non sustinuerunt: vagique et furentibus similes[2], totam urbem luctu et maerore compleverunt, et tales effuderunt questus, quales in tali casu dolor suggerit. Macedones pariter barbarique ad regiam concurrerunt: communis dolor omnes aequabat, victores et vectigales. Persae iustum et mitem dominum, Macedones bonum ac fortem regem invocabant maestique viri tam viridis fortunatique interitum[3] uno animo atque una voce deplorabant. Interea in regia omnes mulieres longos gemitus edebant atque comas scindebant.

Alexander Mosaic, with a representation of Alexander the Great, in the National Archaeological Museum of Naples (Roman copy of the 1st century BC).

1 'Accustomed to the custody of Alexander's body'.
2 'Resembling wanderers and frenzied people'.
3 'The death of a man so young and fortunate'.

79. Ulysses returns to Ithaca disguised as a beggar

Tandem, post tam longa itinera et multos labores, Ulixes in patriam salvus rediit. Ibi uxor Penelopa quotidie eius reditum exspectabat atque procorum petitiones semper recusabat. Minerva autem dea Ulixem mendicum mutavit. Eumaeus subulcus primus eum vidit, sed eum non agnovit; nec servi neque ancillae eius. Solus Argos canis, post tam multos annos, dominum agnovit; sed nimia laetitia eum oppressit atque ante Ulixis oculos interiit. Paulo post, Telemachus quoque patrem agnovit. Tum Ulixes et Telemachus procos punient atque eos necabunt.

80. The slaves in Rome

Olim nobiles Romani multos servos habebant, qui in negotiis domesticis dominos diligenter adiuvabant. Vel captivi vel servorum filii erant, interdum periti et seduliores magistri liberorum familiae: domini filios maxima doctrina erudiebant et epistolarum commercium attente curabant. In villa rustica arva optime colebant, pabulum pecori dabant, plurima stabula curabant et in omnibus negotiis auxilium praebebant. Servae lanam cum domina placide faciebant, deinde gallinis escam cotidie dabant, villam simul converrebant, Kalendis coronas in focum ponebant et domesticos deos pro frumentorum copia supplicabant. Ceterum variora erant servorum officia in urbe: sic multi dominum ad forum lectica deducebant, complures amplissimos hortos curabant, multi cellam vinariam et penariam custodiebant. Captivi vel vernae familiae membra erant et domini cum eis clementer familiariterque saepe agebant. Inter dominos Seneca, qui clarissimus philosophus erat, benevole cum servis egit et plurimos liberos restituit. Tamen ab inhumanis dominis durissime mancipia puniebantur, etiam cum minime peccaverant, et saepissime flagellis cadebantur et necabantur: miseri servi iniurias contumeliasque perpetue accipiebant et difficillimam fugam temptabant, at saepe refugium haud inveniebant atque inedia e vita excedebant.

Roman slave (represented to a smaller size) giving her lady a pedicure. Sarcophagus of the Palazzo Altemps in Rome.

81. Prometheus

Prometheus, Iapeti filius, primus homines ex luto finxit. Postea Vulcanus, Iovis iussu, feminae simulacrum fecit, cui Minerva animam dedit[1], ceterique di alii alia dona dederunt. Ideo feminam «Pandoram» appellaverunt (nam Graeca lingua Pandora «omnia dona» significat), eamque in coniugium

Epimetheo dederunt. Hi Pyrrham filiam genuerunt, quae prima mortalium in terra habitavit[2]. Postea Prometheus, benevolentia erga mortales motus, aliud munus donavit: flammam ex deorum foco abripuit et in terras transportavit. Homines valde grati Prometheo fuerunt, sed mox, superbia impulsi, cupiverunt cum diis ipsis contendere. Iuppiter igitur, ira motus, Prometheum crudeliter punivit: in Caucaso monte clavis ferreis ad rupem eum deligavit; praeterea cotidie aquila eius iecur devorabat, quod noctu rursus crescebat. Post multos autem annos Hercules aquilam interfecit atque Prometheum liberavit.

1 'To whom Minerva infused spirit'.
2 'who was the first mortal to live on Earth'.

XIX. IMPERATIVE

82. The Country Mouse and the City Mouse

Mus rusticus urbanum murem ad cenam invitavit, veterem amicum. In squalido cavo antiquae turris tenues dapes hospiti apposuit[1]: semesas casei crustas, grana cicerum et adoris, uvas aridas et duras glandes. Conviva fastidiosus cibos vix dente tangebat, donec prorupit: «Cur, amice, vitam miseram toleras inter imbres et frigora? Cur tam viles epulas non fastidis? Migra in urbem: ibi omnium deliciarum copia est». Placuit consilium, et nocturno itinere simul in magnificas urbis aedes demigraverunt. Dum autem exquisita cibaria rodunt, subito fores crepunt, conclavium lacunaria clamoribus resonant, irrumpunt servi cum canibus, fustibus armati. Mus urbanus in notas cavernas confugit; comes autem, ignarus loci, amens terrore per parietes cursitare coepit[2]. Postquam servi et canes recesserunt, mus rusticus urbano: «Vale», inquit, «amice, et gaude tantam opulentiam; ego contra, vitam frugalem sed timore expertem[3] praeopto».

1 'He placed a simple meal for the guest'.
2 'Started running around'.
3 'But devoid of fear'.

83. The Sirens

Monstra maris Sirenes erant, Acheloi fluminis[1] filiae. Plumas et pedes avium et formosa ora mulierum gerebant et voces humanas emittebant. Insulam maris Tyrrheni incolebant et vocum suavitate[2] naves detinebant atque mulcebant nautas qui, uxorum liberorumque immemores, ad insulam appellebant. Tum Sirenes saeva morte eos puniebant: nam ossium multitudo passim in insulae scopulis iacebat. Ulixes quoque, multarum fraudium auctor, Sirenum canoras voces audit, sed auxilio Circae, Solis filiae, mortem vitat. Nam dea callidum virum sic monet: «Cum[3] ad Sirenum insulam appropinquabis, nautarum aures ea[5] obstrue; digitis ceram molli[4]: ita miras voces non audient et iniustam necem vitabunt. Tu autem, robustis funibus ad malum adligatus, Sirenum carmina exaudies».

Kylix of black figures with a mermaid. 6th century BC. Walters Arts Museum.

1 'The Achelous river'.
2 'With the softness of their voices'.
3 'When'.
4 'Soften' (imperative).
5 'With her' (refers to the wax).

84. Hector's corpse

Postquam Hector pro patriae suae libertate per multos annos pugnaverat, Achilles virum Troianum, Graecorum hostem, necavit et corpus eius in castra Danaorum transportavit. Tum Priamus, Troianorum rex et pater Hectoris, aspero dolore excruciatus in Graecorum castra prope mare veniebat atque in tabernaculum Achillis iter faciebat. Ut[1] in tabernaculum intravit, multas lacrimas profudit et iuveni viro dixit: «Si memor es patris tui, iam senis in patria, redde, Achilles, parentibus miserum Hectoris corpus. Multos liberos genui[2]: iam cunctos in multis pugnis amisi; etiam Hectorem, cum[3] arcem Troianam defendebat, necavisti. Accipe nunc munera ac preces meas exaudi;

consolationem Priamo, misero patri, da; prae sola ira tua noli impedire[4] parentis pietatem erga filium». Tacebat Achilles, dum multa cogitat, denique suam magnitudinem monstravit? Uterque: Priamus propter vim constantiae et animi virtutem, Achilles ob veniam et benevolentiam erga patrem inimicum.

1 'When'.
2 'I have fathered many sons'.
3 'When'.
4 'Refuse to prevent'.

85. The Gordian knot

Supervenerunt deinde legati Athenarum et sic regem Alexandrum rogaverunt: «Athenis redde captivos pugnae apud Granicum flumen[1]». Alexander ita respondit: «Ceteros captivos restituam Graeciae post Persicum bellum». Athenienses ergo spem amiserunt. Quia Dareus nondum Euphratem flumen superaverat, Alexander undique totas copias contraxit et per Phrygiam duxit; pervenit ad claram quondam Midae regiam: oppidum appellabatur Gordium. Alexander oppidum temptavit occupavitque et in Iovis templum intravit. Vehiculum mirum spectavit: in vehiculo erat iugum multis cum nodis. Incolae Alexandro oraculi responsum manifestum faciebant[2]: «Inexplicabile vinculum solve et totam Asiam capies[3]». Circa Alexandrum erat et Phrygum turba et Macedonum. Alexander nequaquam diu in nodis elaboravit, sed ense lora rupit et oraculi responsum vel elusit vel implevit. Regis audaciam cuncti laudaverunt.

1 'Return to Athens the captives of the battle on the Granicus River'.
2 'The inhabitants made Alexander manifest the response of the oracle'.
3 'Unleash the intricate knot and you will take all of Asia'.

XX. INFINITIVE

86. Caesar and the pirates

Gaius Iulius Caesar omnium imperatorum Romanorum optimus audacissimusque fuit. Legiones Romanas in diversas partes Europae, Asiae, Africae duxit, multos populos antea incognitos cognovit, hostes innumerabiles superavit. Sed, cum adhuc iuvenis erat nec quicquam de re militari sciebat[1], piratarum crudelium captivus fuit. Per aquas tranquillas maris navigabat, cum subito navem ceperunt piratae. Nautas omnes gladiis longis et acutis interfecerunt et corpora eorum in mare profundum deiecerunt. Sed Caesarem in cavernam secretam abstraxerunt, et magnam pecuniae copiam a parentibus eius poposcerunt. Caesar in spelunca remota cum piratis diu remansit, sed spem libertatis numquam perdidit. «Cur intrepidus es, puer?», non semel rogaverunt piratae. «Captivi nostri nos magnopere timere solent». Caesar semper respondit: «intrepidus sum, et me non terretis, quod[2] post libertatem meam cum militibus Romanis ad speluncam vestram reveniam et vos omnes in crucem imponam». Audaciam puerilem ridebant piratae, sed verba Caesaris non inania erant, nam breve post tempus omnes cruciavit.

Bacchus metamorphoses the tyrannical pirates in dolphins. North African mosaic, 200 AD.

1 'And I did not know anything about military matters.'
2 'Because'.

87. Theseus

Antiquitus innumera monstra Atticam infestabant pirataeque vexabant. Praeterea Athenarum incolae, iuxta imperium tyranni, quotannis septenos pueros totidemque puellas ad Cretam praedam Minotauro mittere debebant. Theseus autem, Atticae regis filius, primum patriam a monstris liberavit tutamque a piratarum insidiis reddidit[1], deinde etiam Minotaurum necare statuit. Minotaurus monstrum saevum atque horrendum erat, clausum in labyrintho, aedificio implicatis maeandris[2]. Innumerae viae per labyrinthum ducebant, sed arduum erat ad medium pervenire, etiamque magis arduum inde excedere. Ariadna autem, tyranni filia, viri forma capta[3], validum auxilium Theseo praebuit. Theseus igitur in labyrinthum intravit et monstrum interfecit; postea, auxilio Ariadnae fili, maeandros retro percurrit integerque e labyrintho evasit.

Mosaic of Theseus, at the Kunsthistorisches Museum in Vienna. 2nd century AD.

1 'made her safe from the snares of the pirates'.
2 'A building with confused sinuosities'.
3 'Captured by the beauty of the man'.

88. Ariovistus

Ariovistus ad Gallos sicut ad servos mandata mittebat. Galli Ariovistum, adhuc invictum, magis metuebant quam Aeduos[1]. Sed populus Romanus fidus socius Aeduorum erat. Caesar in provinciis Romanis copias cogebat, nam in animo habebat Aeduos defendere atque Aeduorum auxilio Germanos ex Gallia expellere suumque imperium ceteris Gallis imponere.

1 'feared him more than the Aedui'.

89. The Gauls

Gallorum nationes religionem non omittunt: deum maxime Mercurium colunt, cuius sunt plurima simulacra, et eum omnium inventorem artium aestimant, eum viarum atque itinerum ducem, eum ad questus pecuniae mercaturasque habere vim summam putant. Post Mercurium Apollinem et Martem et Iovem et Minervam colunt. De eis similem reliquis gentibus habent opinionem: nam censent Apollinem morbos depellere, Minervam operum atque artificiorum initia tradere, Iovem imperium rerum caelestium tenere, Martem bella regere. Marti[1], cum proelio dimicare constituerunt, ea quae bello ceperunt et antea ei promiserant, plerumque devovent; cum superaverunt, animalia capta immolant reliquasque praedas in unum locum vehunt. Multis in civitatibus similes tumulos locis consecratis conspicere licet[2].

1 'To Mars' (indirect object).
2 'In many cities it is possible to see similar tumuli in consecrated places'.

90. Xerxes invades Greece

Heres odii paterni contra Graecos, Xerxes innumeras copias conscripsit classemque comparavit, quoniam vehementer optabat bellum renovare ac totam Greciam subigere. Itaque aestivo tempore Hellespontum traiecit et per Thracum Macedonumque fines cum suis militibus ad Thermopylarum angustias pervenit[1]. Hic parvum Lacedaemoniorum praesidium barbarorum irruptionem coercere temptavit, sed tanta virtus irrita fuit. Nam proditor, Ephialtes nomine[2], devium iter per montes hostibus aperuit; hac Xerxes penetravit e Thessalia in Locridem et in Phocidem, mox in Boeotiam, atque inde in Atticam. Barbari in incolas vim fecerunt, oppida ferro ignique vastaverunt, templa incenderunt ac thesauris spoliaverunt.

1 'He arrived at the Thermopylae pass'.
2 'Called Efialtes'.

91. An anecdote of Cleopatra

Cleopatra, a member of the Ptolemaic dynasty, was the last queen of Egypt. The chronicles say that she was a fascinating, seductive, beautiful and extremely intelligent woman; apparently, she spoke Egyptian, Greek, Hebrew, Syrian, Aramaic and Latin, and had great knowledge of literature, music, mathematics, astronomy and medicine, besides being endowed with an extraordinary political vision. Born in 69 BC, Cleopatra inherited the throne of Egypt at the age of seventeen along with her brother, whom she married. Cleopatra, however, was accused of conspiring against her brother and husband, and was expelled from the kingdom. She went into exile in

Syria, from where she took the necessary steps to recruit a large army that would allow her to recover the throne; she managed to convince Julius Caesar, the most powerful man in Rome, to join her cause and help her overthrow the king. After two years of fighting, the balance was tipped in favor of Cleopatra, who was proclaimed queen of Egypt in 47 BC. Caesar spent a long time with Cleopatra and even had a child with her, Caesarion. In 41 BC, after the death of Julius Caesar, Mark Antony met with Cleopatra to help her persecute her enemies, a request that the queen accepted. But as it had happened several years before, the pact between Mark Antony and Cleopatra did not end with a mere political alliance, because the general fell in love with her and, like his friend Julius Caesar, also stayed a long time in Egypt. When Marcus Antonius returned to Rome, Octavius made public that Mark Antony intended to give Cleopatra territories that belonged to Rome. The Roman Senate declared war on the general and, as a consequence, also on Egypt. In the famous and definitive naval battle of Actium of year 31 BC, the Roman fleet prevailed on the Egyptian and Mark Antony, desperate, put an end to his life by stabbing himself with a sword. For her part, Cleopatra, rather than becoming a slave to Rome and seeing that Egypt was definitely becoming a Roman province, also preferred to commit suicide: according to legend, she let a viper bite her and inject her with deadly poison.

Mark Antony and Cleopatra. Lawrence-Alma Tadema, 1885.

Trecentos annos in Aegypto regnavit genus Ptolomei, qui Alexandri magni amicus sociusque fuerat. Ultima longeque celeberrima Aegypti regina fuit Cleopatra, quam amore vehementi amaverunt primo C. Iulius Caesar et postea M. Antonius. Senatus Antonium iusserat provincias Romanas contra incursiones Parthorum, populi potentissimi, defendere. Ille tamen multum tempus cum regina pulchra agebat et res Romanas periculose neglegebat. Saepe pisces in flumine Cydno capiebant. Quodam tamen die Cleopatra contenta non erat, nam ne unum quidem[1] piscem capere potuerat[2]. Antonius ergo, quod reginam vehementer amabat et faciem eius inspicere non poterat, nautam iussit se in aquam fluminis submergere, et piscem reginae hamo furtim applicare[3]. Cleopatra iocum sensit, sed nihil Antonio dixit; postero tamen die pisciculum mortuum, quem in Pontico mari, non in flumine Cydno, invenit, servus reginae Antonii hamo applicavit.

1 'Not even one'.
2 'I could'.
3 'Place the fish near to the queen's hook'.

92. Hersilia

Romulum coniugem amissum flebat Hersilia[1], cum[2] regia Iuno Irim descendere iubet et viduae[3] sic sua mandata nuntiare: «O gentis Latiae et Sabinae maximum decus, siste tuos fletus et, si coniugem videre cupis, in lucum veni, qui viret in colle Quirini et qui templum Romani regis obumbrat». Paret Iris et in terram descendit per arcus caelestes; deinde Iunonis mandata Hersiliae renuntiat. Nec ulla mora est: regina cum virgine dea mox Quirini collem attingit. Narrat Ovidius poeta ibi sidus ab aethere in terras decidisse, et Hersiliam cum sidere cessisse in auras. Hanc iam deam Romulus excipit et, more deorum, nomen mutat Horamque vocat.

1 'Hersilia mourned her lost husband'.
2 'when'.
3 'to the widow' (indirect complement).

XXI. COMPOUNDS OF *SUM*

93. Gaius Marius

Marium, hominem novum, consulatus ingens cupido exagitabat. Is, Arpini natus[1], non Graeca facundia neque urbanis munditiis se exercuit. Ergo cum tribunatum militarem a populo petivit, Romae plerique[2] faciem eius ignorabant, sed facta eius memorabant: omnibus ergo gratus fuit. Deinde paucis annis ab eo magistratu alium honorem post alium sibi peperit et rei publicae administrationi interfuit[3]: anno sescentesimo quadragesimo sexto ab Urbe condita praetor fuit, post paucos menses Hispaniae praefectus creari potuit. Plurimi Romani cives Marii electores suffragatoresque erant, tamen talis vir consulatum adpetere dubitabat. Nam etiam eo tempore alios magistratus plebs exercebat, consulatum semper sola nobilitas[4]. In id tempus nullus homo novus, quamvis clarus et egregius, consul umquam creatus erat, sed Marius primus, cum multorum civium admiratione, anno sescentesimo quadragesimo septimo ab Urbe condita consul electus est: ita rei publicae praefuit profuitque.

1 'Born in Arpino'.
2 'In Rome the majority'.
3 'took part in the administration of the republic'.
4 'Only the nobility'.

94. Words of Scipio in Sicily

Doric temple of the Valley of the Temples in Agrigento (Sicily).

Romanorum copiae apud Lilybaeum convenerant, Siciliae promunturium: nam Scipio Africam invadere atque Carthaginem ipsam oppugnare statuerat. Scipio ipse, copiarum dux, ex alta puppi navis has preces edidit: «Oro atque obsecro vos, dei et deae, adeste mihi et favete rebus[1] quas pro rei publicae sociorumque bono geram; milites quibus praesum incolumes domum reducite, praeda onustos et participes mecum triumphi, quem populus Romanus celebrabit. Poeni Italiae fines vastaverunt et arva ferro ignique deleverunt; punite eos iisdem populationibus, caedibus atque incendiis quibus illi Italiam fatigaverunt. Auxilio vestro eum quicumque[2] resistet prosternemus, eis autem qui veniam imploraverint parcemus. Suum quisque[3] officium erga vos et erga patriam perficiet». Post haec verba Scipio hostias immolavit earumque viscera rite in mare proiecit. Tum vela in altum dedit.

1 'Favor matters'.
2 'Whoever resists'.
3 'Each one his obligation ..'.

95. The battle of the Caudine Forks

Lucan tomb depicting the battle of the Caudine Forks.

Samnitico bello hostes Luceriam oppidum obsidebant. Itaque Romanus exercitus Lucerinis, bonis ac fidelibus sociis, subsidio veniebat[1]. Duo itinera erant, qua agmen ad oppidum appropinquare poterat: alterum tutius sed longius; alterum per Furculas Caudinas, brevius sed periculosius. Romani Lucerinis celeriter adesse cupiebant; quare breviorem viam delegerunt.

Furculae Caudinae loca angusta inter altissimos montes sunt, quae non longe a Caudio absunt. Cum omnes Romanae copiae in angustiis inerant, Samnites a fronte et a tergo apparent eisque obsunt. Romani plurimos conatus diu fecerunt, sed erumpere nullo modo potuerunt. Tandem, post multos obsidionis dies, cum iam omnia eis deerant, legatos ad Samnites miserunt, qui pacem peterent[2]. Victores pacem Romanis dederunt, sed eos sub iugum miserunt.

1 'came to help'.
2 'to ask for peace' (with final value).

XXII. COMPARATIVE AND SUPERLATIVE

96. The camel

Ut equi, muli et asini in Europae Asiaeque regionibus homines adiuvant, ita cameli in vastissimis Africae desertis validissimum auxilium sunt. Ibi, enim, camelus utilissimus est mercatoribus camelariisque, quia longissima itinera sine labore peragit et merces viatoresque vehit. Deformem habet faciem, animum non durum; nam magno cum gaudio ad dulcissimum tibiarum cantum aures praebet. Est animal laboris patientius quam equus[1], fortius quam mulus, tolerantius quam asinus; plerumque frondes durissimas et virgulta spinosa libenter manducat; bibit et servat in stomacho aquam copiosam, itaque cum in aridissimis desertis est, siti non laborat.

1 'More resistant to work than the horse'.

97. A youthful astuteness of Achilles

Ad bellum contra Troiam, opulentissimam urbem, Graeci Achillem quoque ducere debebant[1], virum longe omnium fortissimum[2]. Sed rex Lycomedes rogatu Thetidis, matris Achillis, adulescentem in regia domo abdiderat inter filias habitu femineo. Achivi, postquam Achillis receptaculum cognoverunt, oratores ad regem miserunt et adulescentem ad bellum contra Troianos petiverunt. Graecorum legatis rex ita respondit: «Achilles domi meae non est[3], nec umquam fuit; nisi fidem verbis meis tribuitis, perlustrate, quaeso, totam domum». Tum vero Ulixes, vir callidissimus, dolum adhibuit: nam inter dona feminea, in vestibulo regiae, etiam clipeum et hastam posuit. Improviso Ulixis iussu tubae cecinerunt, cum ingentissimo clamore armorumque strepitu.

«Hostis adventat!» clamavit Achilles, statimque muliebrem vestem laceravit et clipeum hastamque arripuit. Sic legati Ulixis dolo iuvenem recognoverunt et ad bellum duxerunt.

1 'also had to carry'.
2 'By far the strongest man of all'.
3 'He is not in my house'.

98. The Samnites

Post Gallicum tumultum, Romani graviora bella contra Samnites susceperunt. Primo Romanos apud Furculas Caudinas Samnites gravi clade vicerunt et sub iugum magno dedecore miserunt. Postea Papirius Cursor consul, clarus dux, multas copias Samnitium sub iugum misit et triumphavit. Samnites autem bellum reparaverunt et Q. Fabium Maximum vicerunt. Sed Q. Fabius acriore bello Samnites devicit et multa eorum oppida cepit. Deinde P. Cornelius Rufinus et M. Curius Dentatus consules fervidiore studio bellum renovaverunt et ingentibus proeliis Samnites profligaverunt. Tum tandem diuturnum bellum finem habuit. Nullus hostis Romanam virtutem magis fatigavit quam Samnites, qui enim audaciores et fortiores erant quam ceteri Italorum populi.

XXIII. NUMERALS

99. The feats of Hercules

In heroem maximum Graeciae Iuno acerrimum odium habuit. Decimum primum mensem Hercules agebat, cum dea in cunam infantis duos saevos angues misit; sed parvus filius Iovis, nudus et inermis, monstra strangulavit: primum praeclarum facinus fuit. Eurystheus quoque Mycenarum rex Herculem et Heraclides, herois nepotes, vexavit. Eurysthei iussu[1] Hercules duodecim labores sustinuit. Luctatio cum leone Nemaeo primus labor; occisio Hydrae Lernaeae secundus labor; excidium monstruorum Stymphaliorum quintus labor; captura boum Geryonis decimus labor fuit. Cerberum etiam, canem custodem Inferorum, ligavit catenis et in terram portavit: fuit decimus secundus labor. Homerus in Iliadis undevicesimo libro et Vergilius in Aeneidos octavo libro de Hercule dicunt.

Sarcophagus of the 3rd century AD representing the Labours of Hercules. Palazzo Altemps (Rome).

1 'By order of Euristeus'.

100. The city of Alexandria

Alexandria maxima et amoenissima est omnium Aegypti urbium. Ibi aurae salubres spirant et aer est tranquillus et clemens; incolae nullo paene die solem serenum non vident. Inter alia aedificia et templa, quae plurima ac magnificentissima Alexandriam ornant, eminet templum Serapidis, quod atriis columnatis amplissimis et pulcherrimis signis exornatum est ita ut[1] post Capitolium nihil homines maius aut magnificentius videre possint[2]. Quondam naves, ex Parthenio mari vel Libyco ad hoc litus venientes, saepe in litore frangebantur, quia fallaces et insidiosi accessus erant. Quare turris in portu aedificata est, quae Pharus a loci nomine cognominatur.

1 'so that'.
2 'could see'.

101. The life of Julius Caesar

Born in Rome in 100 BC, he belonged to the gens (family) Iulia, which is a mythical tradition related to Aeneas. This family did not have large wealth or political

69

influence, so Caesar joined the popular party of Marius. His political career was brilliant: quaestor (68 BC), curul aedil (65), pontifex maximus (63), praetor in Hispania (62), member with Pompey and Crassus of the first triumvirate (60), consul (59), proconsul in Gaul (from 58 to 50), involved in a civil war with Pompey (from 49 to 45), triumphant and, finally, dictator for life (dictator perpetuus) for a few months, until his death in the Idus (day 15) of March 44 BC, when he was killed by members of the senatorial nobility. The heir of his political program was his adopted son Octavian, who managed to establish the empire. Caesar was undoubtedly a great general, but also a skilled political speaker and a leading historian. He wrote two important works: the seven books on The Gallic Wars (composed in the winter of 52-51 BC) and the three books on The Civil War, written at the end of 48 (BC). In these works there are no serious factual falsifications, but they are clearly biased in his favour: in the first, for example, he wants to defend the attack on Gaul as a defensive operation, when in fact it was an imperialist aggression. In the second, Caesar wants to stay out of any responsibility in the outbreak of the civil war. In general, Caesar (who speaks in the third person) is presented as the sole protagonist of the exploits, but always praises his soldiers and recognizes their spirit of sacrifice, discipline, courage and loyalty. From Julius Caesar come both the name of the month of July, which is when he was born, and of the cesarean section, since it is said that Caesar was born thanks to one.

Caesar in lucem venit anno centesimo a. Chr. n. Ita honorum cursum percurrit: quaestor fuit anno sexagesimo septimo a. Chr. n., aedilis anno sexagesimo quinto, pontifex maximus anno sexagesimo tertio; praetor anno sexagesimo secundo. Post praeturam obtinuit administrationem Hispaniae ulterioris. Anno sexagesimo a. Chr. n. cum Pompeio Crassoque priorem triumviratum constituit. Anno undesexagesimo consul fuit; postea Galliae imperium obtinuit per octo annos et assiduis bellis totam Galliam subegit. Bellum civile gessit contra Pompeium et apud Pharsalum, anno duodequinquagesimo victor fuit. Post tot victorias triumphum egit et dictaturae honorem meruit; sed paulo post in senatu, anno quadragesimo quarto a. Chr. n., Caesarem coniurati necaverunt.

XXIV. INTERROGATIVES

102. King Midas

Quis fortunatior, at stultior quoque rege Mida fuit? Nam Midae, avidissimo Phrygiae regi, dii incredibilem facultatem dederunt: quae tangebat, in aurum mutabat[1]. Qua facultate laetus[2], plurima in aurum mutavit et ingentes divitiae ab eo congestae sunt. Ita beatissimum omnium se esse dicebat. Sed quid brevi tempore[3] accidit? In aurum mutabat etiam cibos; qua re non solum victu carebat, sed suam felicitatem cito amisit. Quod eum omnium hominum miserrimum reddidit. Tum ad pristinam vitae condicionem reverti desideravit deosque oravit: «Qua calamitate a vobis opprimor? Eripite me e tali miseria!». Tum, deorum monitu, se in flumen Pactolum demisit atque illa terribili facultate se liberavit.

Apollo and King Midas. Simon Floquet, 1634.

1 'What he touched, was transformed into gold'.
2 'Content for this ability'.
3 'In a short time, after a short time'.

103. The *senatus consultum* of the gods against the deification of Claudius

Multis sceleribus principis vita inquinabatur: nam facile princeps homines occidebat et insontes morte condemnabat. Statim post mortem, tamen, Claudius ad Iovem pervenit et a deis, voce summissa et parum perspicua[1], postulavit: «Claudius sum; Romae princeps eram et nunc deus esse volo, ut Augustus et ut Tiberius, qui ante me Romam regebant». Deorum senatus deinde convocatur, et Iuppiter singulos patres conscriptos interrogat: «Quid

71

de Claudii divinitate censetis?». Ianus pater primus verba dicit: «Olim deus esse magna res erat; nunc, autem, etiam mimos vos deos facitis; malus erat in vita Claudius: cur eum deum facere debemus? Senatus consultum itaque propono: nemo, ex iis qui terrae fructus edunt et in terra vivunt, deus erit, deus ab hominibus appellabitur vel inter deos accipietur!». Itaque iure iurando omnes dii obligantur, et Claudius ad inferos ducitur, ubi –sic multi dicunt– in cucurbitam mutatur.

1 'In a low voice and unclear'.

104. Aeneas and Latinus

Aeneas, ex patria sua profugus, primum in Macedoniam venit, inde in Siciliam, postremo a Sicilia ad fines apud Laurentum appellit. Ibi Troiani – nam arma tantum et naves habebant– praedam ex agris agebant. Tum Latinus rex et illius terrae incolae contra advenas armati ex urbe atque agris concurrebant. Ante proelium Latinus atque Aeneas ad colloquium veniunt. Rogat Latinus: «Quis es? Unde venis?». Respondet Troianus: «Aeneas sum, Anchisae filius et Veneris. Ex patria profugus, locum quaero, ubi oppidum condere volo». Tum rex, mirans viri magnum animum, amicitiam cum Aenea facit. Inde Aeneas a Latino hospitium recipit et rex Laviniam filiam Aeneae in matrimonium dat.

XXV. INDEFINITE PRONOUNS

105. Britain

The British Isles were inhabited from the 6th century BC by the Celts, who implemented a sociopolitical, military and religious organization similar to that of Gaul. The first Roman incursion in the British Isles occurred in the first century BC, when Julius Caesar carried out two expeditions, in 55-54 BC. The first one failed because the Roman army was small and because a storm destroyed most of the fleet. In the second, for which Caesar gathered 800 ships in the Channel, he managed to defeat some local tribes. Britain remained free, but was forced to pay an annual tax to the Romans. Despite these incursions, the real conquest of Britain was due to emperor Claudius, who sent an expedition led by the general Aulus Plautius, who personally traveled to the island. The biggest opposition came from the Catavelaunians and the Britons, but by 44 AD the southern part of Britain was already subdued. Later, the Roman general Agricola completed the conquest as far as Scotland (84 AD).

As for accounts we have from Britania, they come mostly from Julius Caesar and Tacitus. The first does not give us a very reliable information, since (in contrast to Gaul) he remained there for a short period of time and did not penetrate to the interior of the island. Tacitus, on the other hand, gives us a lot of information about the life of his father-in-law, Julius Agricola, commander of the Roman expeditions in Britain for seven years (77-84 AD). In a broad account dedicated to the British population, he mostly outlines his brave and warrior character.

Britain became a Roman province during the reign of Claudius, probably around 44 AD. The province, which was proconsular and was governed by a legacy and a procurator, was enlarged by successive conquests. In 197 AD the province was divided into two (Upper Britannia and Lower Britannia); in 293 AD?, in four (Britannia Prima, Britannia Secunda, Maxima Cesariensis and Flavia Cesariensis); in 369 a fifth was added, named Valentia.

Roman Baths of Bath (Great Britain).

Britanniae insulae unum latus est contra Galliam: cuius lateris alter angulus, qui est ad Cantium, ad orientem solem, inferior ad meridiem spectat. Ibi breviores quam in continenti noctes videbamus. Ex omnibus nationibus longe sunt humanissimi qui Cantium incolunt, quae regio est maritima omnis, neque multum differunt a Gallica consuetudine. Interiores plerique[1] frumenta non serunt, sed lacte et carne vivunt pellibusque sunt vestiti: non feroces tamen sunt, quia mitiorem naturam ostendunt. Omnes vero Britanni se vitro inficiunt[2], quod caeruleum efficit colorem, atque ita horribiliores sunt in pugna et crudeliores apparent; capilloque sunt promisso atque omni parte corporis rasa praeter caput et labrum superius. Uxores habent deni duodenique[3] inter se communes.

1 'Most of the interior, most of those who live in the interior'.
2 'They are covered with woad'.
3 'In groups of ten or twelve'.

106. The tyrant Dionysus I of Syracuse

«Ear of Dionysius», in Syracuse (Sicily).

Dionysius, Syracusanorum tyrannus, cuius immensa erat crudelitas, cives vehementer terrebat. Qua re[1] nemo eum diligebat; omnes vero eius mortem optabant. Ut autem ab aliis is timebatur, ita ab illo aliorum insidiae paveantur[2]; igitur in perpetuo metu ille vivebat. Dionysius, infinitis curis exagitatus, requiescebat in lecto, quem lata cingebat fossa; hanc ille ligneo ponte superabat. Tonsores quoque ei causa timoris erant; quare a filiabus parvulis tondebatur. At mox ne hoc quidem tutum putavit. Putamina candentium nucum filiabus dabat, quibus illae eius barbam capillumque

74

adurerent. Magna potentia, multae divitiae possidebantur a Dionysio, sed vita eius misera erat.

1 'For this fact'.

2 'In the same way that he was feared by others, so were ambushes of others feared by him'.

107. The reward of Castor and Pollux

Simonides, clarissimus poeta, cenabat olim apud Scopam, hominem fortunatissimum ac ditissimum. Inter epulas, summo cum gaudio omnium convivarum, poeta praeclarum carmen in Scopae laudem recitavit, sed in eodem carmine etiam Castorem et Pollucem celebravit. Displicuit igitur carmen Scopae[1], qui admodum inurbane: «Dimidium», inquit, «praemii promissi tibi dabo; reliquum a dis, quos aeque laudavisti, obtinere debebis». Poeta nihil respondere potuit; sed paulo post nuntiavit ei servus: «Duo iuvenes quidam ad ianuam stant et magnopere te evocant». Poeta statim obtemperavit, sed ante ianuam neminem invenit. At in illo vestigio temporis conclave illud, in quo Scopas cum familiaribus et amicis cenabat, corruit et omnes convivae vitam amiserunt, praeter Simonidem, qui mire superfuit.

1 'The poem displeased Escopas'.

XXVI. DEPONENT VERBS

108. The secession of the plebs

Ingentibus divitiis patricii potiebantur et rem publicam senatus arroganter administrabant; plebes ingentibus aerumnis opprimebatur, quia plurimis bellis e ingenti aere alieno vexabatur. Nam bellorum praeda inter patricios distribuebatur et eis solis[1] ager gentium victarum adsignabatur. Quapropter plebei, a tribunis adhortati, in montem Sacrum secesserunt ibique parva castra muniverunt. Polliciti erant enim divitum agros non serere: volebant patriciis, qui intra urbis muros erant, panem deesse[2]. Senatus grave periculum rei publicae cernens, legatos ad plebeios misit. Ii, de pace cum iis loquentes, extremam rei publicae perniciem vitaverunt. Inter eos Menenius Agrippa fuit, qui notam fabulam de ventre et ceteris corporis membris narravit et plebeios a seditione recessit.

1 'Only to them'.
2 'They wanted that the patricians, who were inside the walls of the city, had not enough bread'.

In the days when all the parts of the human body were not as now agreeing together, but each member took its own course and spoke its own speech, the other members, indignant at seeing that everything acquired by their care and labour and ministry went to the belly, whilst it, undisturbed in the middle of them all, did nothing but enjoy the pleasures provided for it, entered into a conspiracy; the hands were not to bring food to the mouth, the mouth was not to accept it when offered, the teeth were not to masticate it. Whilst, in their resentment, they were anxious to coerce the belly by starving it, the members themselves wasted away, and the whole body was reduced to the last stage of exhaustion. Then it became evident that the belly rendered no idle service, and the nourishment it received was no greater than that which it bestowed by returning to all parts of the body this blood by which we live and are strong, equally distributed into the veins, after being matured by the digestion of the food.

Menenius Agrippa' speech (Livius II, 32). Translation by Rev. Canon Roberts.

109. Resistance of young Macedonians

Vetusto Macedoniae more, nobiles pueri comitabantur regem Alexandrum, dum publice dis sacrificat. Olim unus e pueris turibulum cepit et ante regem adstitit. Ex improviso carbo ardens in pueri brachium incidit sed, etsi urebatur et adusti corporis odor ad circumstantium nares perveniebat[1], tamen puer non questus est: dolorem silentio pressit et brachium inmobile tenuit: ita Alexandri sacrificium non impedivit, quia turibulum concussum non erat nec celebratio lamentationibus turbata erat. Ut[2] Alexander miram patientiam pueri vidit, laetus fuit: Macedoniae stirpis milites bello insuperabiles erant[3], quia pueri tanto robore praediti erant.

1 'reached the nose of those standing around'.
2 'When'.
3 'They were insurmountable in the war'.

110. Aristippus and the merchant

Olim ad Aristippum philosophum mercator quidam venit et: «Erudi, quaeso, filium meum», rogavit: «nam cum scientiam adeptus erit, puto magnam existimationem apud vulgus consecuturum esse». Philosophus, qui in magna egestate versabatur, hominem laeto animo intuitus est; a veste familiae opulentiam opinatus est et perfectam educationem pollicitus est, pretium postulans quingentarum drachmum. Mercator vero, qui avarissimus et simul animi rudis erat, pretium nimium existimavit atque respondit: «Si ita est, filius meus te numquam sequetur, sed indoctus manebit: nam minore impensa asinum emere possum». Cui statum Aristippus: «Euge! Eme asinum, et habebis duos!».

111. Niobe

Apollo and Diana Punishing Niobe by Killing her Children. Abraham Blomaert, 1591.

Niobe, Thebanorum regina, superba atque inanis fuit; pulchritudinem, nobilitem generis, potentiam, divitias suas magnificis verbis iactabat. Nulla tamen re magis gloriabatur quam liberorum numero; nam septem filios totidemque filias[1] in lucem ediderat. Quondam Manto vates, divino instincta adflatu, Thebanos hortata est: «Latonam veneramini[2] multis precibus muneribusque!». Omnes summo studio statim paruerunt; sola Niobe cunctata est. Quae non solum honorem Latonae debitum neglexit, sed etiam aperte deam calumniata est dictitans: «Cur deam, quam solum fama cognoscitis, tanto opere veneramini? Cur non me potius adoratis? Mihi nobilitas, potentia, pulchritudo maiores sunt quam Latonae!». At non impunita tanta insolentia mansit; nam Apollo et Diana omnes Niobes liberos necaverunt.

1 'And the same number of daughters'.
2 'worship' (2nd person, imperative).

XXVII. IRREGULAR VERBS

112. The wild oxes

Uri sunt magnitudine paulo infra elephantos[1], specie et colore et figura tauri. Magna vis eorum est et magna velocitas, neque hominibus neque feris parcunt. Germani hos studiose foveis captos interficiunt; adulescentes hoc labore se durant atque hoc genere venationis exercent, et, qui plurimos ex his interfecerunt, relatis in publicum cornibus, magnam ferunt laudem. Sed assuescere ad homines et mansuefieri ne parvuli quidem excepti[2] possunt. Amplitudo cornuum et figura et species multum a nostrorum boum cornibus differt[3]. Haec studiose conquisita in amplissimis epulis pro poculis utuntur.

1 'Wild oxes are a little smaller than elephants'.
2 'Not even taken as children'.
3 'Is very different from the horns of our oxen'.

113. Some feats of Augustus

To found a colony, the Romans used a priest who, with a couple of oxen and a heifer, proceeded to delimit the perimeter of the city. Then, through a procedure called centuriation, they divided the area of the city and the territory assigned to it. This territory belonged to Rome, and therefore the colonists had to pay a tribute from which only some colonies were exempt. The Romans founded colonies with three different purposes: the first kind of colonies were fortified points located in strategic places, as a defensive vanguard against the attacks of the Italic peoples; other colonies were intended to find a solution to the growth of the farming population, impoverished after the Second Punic War; from the end of the Republic colonies of veterans with soldiers licensed from the great armies were also frequent. Unlike the colonies, the municipalities were preexisting population centers. Colonies had more prestige than municipalities because they were a reproduction of Rome and the result of a founding act carried out by Rome and by Romans. Originally, the municipalities were the cities of Latium that, during the first centuries of the Roman Republic, had submitted to Rome. Their members enjoyed a relatively broad autonomy, since they could maintain their legal and administrative customs, but at the same time benefited from the existence of cordial ties that bound them to Rome and that were stipulated in a series of rights, such as that of marrying legally (ius connubii), *property* (ius commercii) *and that of moving to Rome, acquiring full Roman citizenship* (ius civitatis mutandae).

Detail of the Ara Pacis of Augustus (Ara Pacis Museum, Rome).

After the so-called Social War or the War of the Allies (beginning of the first century BC) this municipal regime spread throughout Italy. During the Empire, many cities outside Italy also gained municipal privileges, sometimes along with full Roman citizenship. In Hispania, the municipalities received a decisive boost from Vespasian, an emperor who granted the Latin right to all Hispanics, which in practice meant the rapid transformation of indigenous cities, formerly foreign (peregrinae), *into municipalities that were organized according to the Roman model. As a result of the edict of Caracalla, at the beginning of the third century AD, Roman citizenship extended to all the inhabitants of the Empire. From this time, all the urban centers, both colonies and municipalities, unified their denominations under the more general term of* respublica *or* civitas.

Bella terra et mari civilia externaque toto in orbe terrarum saepe gessi victorque omnibus veniam petentibus civibus peperci[1]. Externas gentes, quibus tuto ignosci potuit, conservare quam excidere malui. Millia civium Romanorum sub sacramento meo fuerunt[2] circiter quingenta. Ex quibus deduxi in colonias aut remisi in municipia sua stipendis emeritis millia aliquanto plura quam trecenta et iis omnibus agros adsignavi aut pecuniam pro praemiis militiae dedi. Naves cepi sescentas praeter eas, si quae minores quam triremes fuerunt. Bis ovans triumphavi et tres egi curules triumphos et appellatus sum viciens et semel imperator.

1 'I respected all the citizens who asked for forgiveness'.
2 'loaned me an oath'.

114. Timoleon and Timophanes of Corinth

Timoleon Corinthius multo sapientius tulit secundam quam adversam fortunam. Frater eius Timophanes, cui militare imperium a Corinthiis delatum erat[1], per mercennarios milites tyrannidem occupavit, atque societatem regni Timoleonti obtulit. Hic autem recusavit se participem esse sceleris et, cum praetulisset[2] legibus oboedire quam imperare, fratris saluti civium suorum libertatem antetulit. Timophantis superbia a Corinthiis iam perferri non poterat et maximae iniuriae ab eo inferebantur civitati, quam ob rem Timoleon fratrem tyrannum interficiendum curavit[3]. Ipse tamen nec manus suas attulit ad hoc facinus, nec aspicere fraternum sanguinem voluit. Hoc factum multi laudaverunt, nonnulli autem nefarium iudicaverunt: mater filium domum recipere noluit.

1 'To whom the military empire had been granted'.
2 'Since he preferred'.
3 'He made kill'.

XXVIII. SUBJUNTIVE MOOD

115. The fat chickens

Vir quidam amicos ad cenam invitavit, in macello magna impensa multa ac varia obsonavit, inter cetera pullos gallinaceos[1] emit. Cum domi fuit[2], servo coquinari dixit: «omnia in cellarium collocantur, sed pulli in cavea claudantur, nutriantur omni cura et multum pinguescant: postea amicis, qui a me ad cenam arcessiti erunt, inter fercula assi administrentur». Pulli gallinacei, sicut dominus imperaverat, cotidie copiose nutriuntur a servo fideli; post paucos dies omnes pingues erant praeter unum qui macie valde derisus a contubernalibus erat[3]. Die cenae praestituta, cavea aperta est et pulli occisi ac cocti sunt; solus qui macer erat non occisus est domini iussu.

1 'Chickens'.
2 'When he was at home'.
3 'Because of his weakness he was the object of derision on the part of his companions'.

116. Advice of a builder

Buildings in Ostia.

Hiberna triclinia et balnearia ad occidentem spectent, primum quia vespertino lumine legentibus et scribentibus opus est, praeterea quod sol occidens adversum[1] habens splendorem, calorem remittens, vespertino tempore efficit regionem tepidiorem. Cubicula et bibliothecae cura[2] ut ad orientem spectent, quia usus matutinus postulat lumen et sic in bibliotheca volumina non putrescunt. Nam, si ad meridiem et occidentem spectant, a tineis et umore libri vitiantur quia venti umidi advenientes procreant eas bestiolas et alunt, atque, infundentes umidos spiritus, pallore volumina, quae ibi servantur, corrumpunt. Triclinia verna et autumnalia ne ad orientem vel septentrionem

81

spectantia posueris. Aestiva, contra, ad septentrionem spectent ut frigidulos venti flatus excipiant, quibus convivae epulantes recreentur.

(adapted from Vitruvius)

1 'because the setting sun casts its rays upon them'.
2 Imperative: 'procure that'.

117. Cicero (106 BC - 43 BC) writes to his brother Quintus

Cicero denounces Catilina in the Roman Senate. Cesare Maccari, 1889.

Cicero's family appears very often in his letters. Cicero married twice: with Terentia (96 BC - 8 AD) and with Publilia. Terentia, whom he must have married around 80 BC, was a woman of great firmness who followed her husband on several occasions, especially when he was banished, 58 BC. Cicero had two children: Tullia and Marcus. In 46 BC, when he was 60 years old and in financial difficulties, Cicero divorced Terentia and married Publilia, a young and very rich girl. The marriage was unlucky and in 45 BC Cicero divorced; he had to return the money received as dowry, which had served to pay his debts. The daughter of Cicero, Tullia (79-45 BC), married three times and had three children with her third husband. The relationship with his father was very intense.

In the year 45 BC Tullia gave birth to a son and, when she recovered from childbirth, accompanied her father to Tusculum, where she died, as it seems, a consequence of postpartum complications. The death of Tullia was very painful for Cicero, who also had a sister and a brother, Quintus Tullius Cicero (102-43 BC). He was governor of Asia for three years. 55 BC he was named legate of Julius Caesar, whom he accompanied to Britain. He was also legate of his brother Marcus in Cilicia (51 BC). In the civil war he sided with Gnaeus Pompeius, as his brother. In addition to his military activity, he was a writer and poet, but only a few fragments of his works remain. He married Pomponia, the daughter of Cicero's friend Atticus. Tiro (103-4 BC), a slave of Cicero, continued to work for him once he reached the status of freedman.

Mi frater, mi frater, mi frater, noli putare[1] me iracundia aliqua adductum te videre noluisse[2]. Ego tibi irascerer? Meus ille consulatus mihi eripuit te, liberos, patriam, fortunam. Sed certe a te mihi omnia semper iucunda ceciderunt, a me tibi cecidit luctus, metus, maeror. Ego te videre noluerim? Immo vero me a te videri nolui. Non eum vidisses fratrem tuum, non eum quem reliqueras, non eum quem noveras. Atque utinam me mortuum prius vidisses! Utinam te non solum vitae, sed etiam dignitatis meae superstitem relinquam!

(adapted from Cicero)

1 'Do not believe'.
2 'that I, moved by some irascibility, did not want to see you'.

XXIX. IMPERSONAL AND DEFECTIVE VERBS

118. Caracalla

Aurelius Antoninus Bassianus nomen Caracallae accepit ab inusitato vestimento defisso usque ad talos, unde holidieque Antoninianae dicuntur caracallae huiusmodi[1], in usu maxime apud Romam plebem. Ipse Romae opus reliquit thermas eximias ex nomine suo appellatas. Sacra Isidis Romam deportavit et templa ubique magnifica eidem deae fecit. Sacra etiam maiore reverentia celebravit, quam ante celebrabantur. Interest scire quemadmodum novercam suam Iuliam uxorem duxerit[2]. Quae cum esset pulcherrima et quasi per neglegentiam se maxima corporis parte nudavisset, dixit Antoninus: «Vellem, si liceret[3]». Illa respondisse fertur[4]: «Si libet, licet. Te enim imperatorem decet leges dare, non accipere».

1 'Today those antoninianae are called caracallae'.
2 'It is interesting to know how he married his stepmother Julia'.
3 'I would like, if I could'.
4 'It is said that she answered'.

119. The conspirators kill Caesar

The death of Caesar. Vincenzo Camuccini, 1804.

Inde Caesar, bellis civilibus, toto orbe, compositis[1], Romam rediit. Agere insolentius coepit et contra consuetudinem Romanae libertatis. Cum ergo et honores ex sua voluntate praestaret, qui a populo antea deferebantur, nec senatui ad se venienti adsurgeret[2] aliaque regia ac paene tyrannica faceret, coniuratum est[3] in eum a sexaginta vel amplius senatoribus equitibusque Romanis. Praecipui fuerunt, inter coniuratos, duo Bruti ex eo genere Bruti, qui primus Romae consul fuerat et reges expulerat, et C. Cassius et Servilius Casca. Ergo Caesar, cum senatus die inter ceteros venisset ad curiam, tribus et viginti vulneribus confossus est.

(adapted from Eutropius)

1 'Civil wars plagued all over the world'.
2 'Not to get up before the Senate when it was addressing him'.
3 'There was a conspiracy'.

XXX. USES OF *UT*

120. Cruelty of Sulla (138-78 BC)

Sulla was a member of the minor aristocracy. As a young man, he lived in a dissolute way, devoted to all kinds of pleasures. Later, he was appointed quaestor in the army of

Numidia that put an end to the Jugurthine War and participated in the campaigns of Marius against Cimbrians and Teutons, where he had important victories. In 94 BC he was elected aedile and in the following year, praetor. In this position, he participated in the war against Mithridates, king of Pontus, in the first Mithridatic War.

In 88 BC he obtained the consulate, which was disputed by Marius. Sulla received the support of the Senate, while in Rome a civil war broke out between aristocrats (Sulla) and democrats (Marius). Marius recruited an army of six thousand men who went to Rome and slaughtered dozens of senators, whose heads were paraded through the city. Sulla was deposed and his possessions were confiscated. Meanwhile, Sulla besieged Athens and continued the war with Mithridates. After occupying Greece, he returned to Rome, where he managed to join many members of the aristocracy. In 82 BC, Sulla defeated Marius in the battle of Colline Gate, one of the bloodiest in the history of Rome. Then he sowed terror in Rome: he was appointed dictator and ruled autocratically for two years; he granted citizenship rights to Gauls and Hispanics and distributed land among the veterans. In 79 BC he married Valeria, a 25-year-old girl, and retired from public life.

Sulla, ut[1] nobilitatis auctoritatem defenderet, crudeliter totam urbem atque omnes Italiae partes civilis sanguinis fluminibus inundavit. Nullam misericordiam habuit in Praenestinos, qui hostes in bello civili fuerant: nam effecit ut[2] per agros interficerentur et dispergerentur, etiam si arma abiecerant et humi corpora prostraverant. Non solum in hostes saevit: etiam quieti animi cives, propter pecuniae magnitudinem, proscriptorum numero adiecit et adversus mulieres quoque gladium destrinxit. Hoc quoque inexplebilis feritatis indicium est: imperabat enim ut miserorum capita in conspectum suum ducerentur, ut illa oculis manderet, quia ore nefas erat[3]. Marium praetorem vita privavit: sed prius oculos eruit et singulas corporis partes confregit.

1 'To' (final).
2 'that' (subject).
3 'To eat them with the eyes, since it was sacrilegious with the mouth'.

121. Philemon and Baucis

Vivebant olim in Phrygia Philemo et Baucis, pius vir et pia mulier, qui in parva casa habitabant, at tamen fortuna sua contenti erant. Saepe Philemo uxori: «Oremus et laboremus» dicebat «ut deos delectemus et Iovis numen nobis prosit!» Saepe deis immolabant et rursus atque iterum poscebant ut mala vitarent. Ita parcus cotidianus victus iis numquam deficiebat. Aliquando singulare eventum accidit: duo ignoti viri sub vesperum eorum casae appropinquaverunt[1] et virum feminamque ita oraverunt: «Cenam et hospitium parate nobis, quia propinqui vici agricolae[2] nos pepulerunt». Tum Baucis libenter parvam cenam duobus viris paravit, ut vires reficerentur, et Philemo ligneas sellas tradidit. Dum convivae cenant, attente eorum verba coniuges audiverunt. Mane autem duo viri suis hospitibus imperaverunt ut e casa emigrarent ad propinquum tumulum; senes coniuges statim oboediverunt et discesserunt. Duo convivae, qui dei Iuppiter et Mercurius erant, vicum propinquum vastaverunt cunctosque incolas torserunt, sed ubi viri uxorisque casa parva fuerat, nunc templum erat. Iuppiter feminae: «Vobis pietas et probitas insunt» –inquit– «Oretis, ergo, et impetrabitis!» Cito Philemo exclamavit: «Iuppiter Mercuriusque templum sanctum mandent nobis ut semper eis fidi ministri simus», statimque dei obtemperaverunt.

1 'They approached their cottages'.
2 'The peasants of the neighboring town'.

122. Danae

Danae[1] Acrisii et Aganippes filia fuit. Huic fatum fuit ut[2] ipsius filius Acrisium interficeret[3]. Quod timens[4] Acrisius eam in muro lapideo praecluserat. Iuppiter autem, qui in imbrem aureum se converterat, cum Danae concubuit, ex quo compressu genitus est Perseus. Quam pater ob stuprum in arca inclusit et cum Perseo in mare deiecit. Postquam voluntate Iovis pelagi undae miseram Danaem in insulam Seriphum deduxerant, Dyctis piscator eam invenit. Ille, postquam arcam effregit, in ea mulierem cum infante esse vidit, quos ad regem Polydectem perduxit, qui eam in coniugio habuit et Perseum educavit in Minervae templo. Quod postquam Acrisius cognovit, statim in insulam Seriphum pervenit ubi, dum incolae ludos celebrant, Perseus disco, quem ventus avertit in caput Acrisii ipsius, eum interfecit. Ita quod voluntate sua noluit[5], deorum voluntate evenit.

1 Nominative singular.
2 'He was foretold that'.
3 'would kill'.
4 'Fearing this'.
5 'What he did not want by his will'.

123. The emperor Titus

Arch of Titus (79-81 AD), in the forum of Rome.

Imperator Titus Flavius, Vespasiani filius, benevolentissimus et beneficentissimus erga cives suos fuit. Tam beneficus fuit ut omnibus miseris sua beneficia praestiterit[1]. Moribus simillimus Vespasiano patri fuit, sed mitior et minus avarus. Pulcherrima spectacula et magnificentissimi ludi edita sunt in amphitheatro, quod Flavium vel Colosseum appellatur. Etiam arcus triumphalis in foro aedificatus est ut memoria victoriae contra Iudaeos posteris traderetur. At terrificentissimis calamitatibus regnum Titi funestatum est. Nam pestis ingentem multitudinem civium Romae absumpsit; incendium multorum dierum et noctium plurima aedificia urbis vastavit; Vesuvii eruptio Pompeios, Herculanum Stabiamque, nobilissimas Campaniae urbes, cineribus et lapillis obruit, multos incolas miserrimo exitu occidit. In omnibus calamitatibus tamen imperator semper beneficentissimum animum praebuit et maximis opibus miserrimis civibus subvenit.

1 'Who lent his benefits to all the wretches'.

124. The king Numa Pompilius

Succedit Romulo[1] rex Numa Pompilius, qui secundus[2] imperium Romanum rexit: sacra et caerimonias omnemque cultum deorum inmortalium docuit et pontifices, augures, Salios ceteraque sacerdotia creavit. Annum autem in duodecim menses dividit, fastos dies nefastosque descripsit; Numa praeterea ancilia atque Palladium, secreta imperii pignora, Ianumque geminum, fidem pacis ac belli, honoravit. In primis focum Vestae virginibus dedit, ut ad simulacrum caelestium siderum custos imperii flamma vigilaret: omnia fecit et decrevit quasi consilio deae Egeriae, quo magis barbari acciperent quae decreverat[3]. Denique ferocem populum humanum civilemque fecit, ut Romani, postquam vi et iniuria occupaverant imperium, id nunc religione atque iustitia gubernarent et humanitate crescerent.´

1 'succeeded Romulus'.
2 'was the second to rule...'.
3 'So that the barbarians would accept better what he had decreed'.

125. Tiberius and the island of Capri

Reconstruction of Villa Jovis on the island of Capri.

The island of Capri is located on the Tyrrhenian Sea, on the south side of the Gulf of Naples, facing the Sorrento peninsula. It is famous since antiquity for its natural beauty. We have evidence that it was inhabited since the Neolithic and the Bronze

Ages. According to Suetonius, during the construction of the villa of Augustus, giant bones and stone weapons were discovered, which the emperor ordered to exhibit in the garden of his main residence. As Tacitus says, Emperor Tiberius had twelve villages built on the island. The most important was Villa Jovis or Jupiter's Villa, from which he ruled Rome between 27 and 37 AD.

The entire complex of this villa occupies some 7,000 m², which are arranged on several terraces. In the north wing of the construction was the residnetial sector; in the south wing, the administrative one; the east wing was intended for receptions, while the west wing had a corridor of open walls that offered a picturesque view over the sea. Faced with the difficulty of bringing water to the city, Roman engineers built a complex system to collect rainwater from the roofs; a large cistern provided the palace with fresh water. To the south of the main building there are remains of a lighthouse for the telegraphic exchange of messages with the rest of the Empire, for example, by fire and smoke. Apparently, the reason why Tiberius moved from Rome to Capri was the fear of being killed. The villa is located at a very secluded spot on the island and it was very difficult to get to Tiberius' rooms. According to Suetonius, this villa was the scene in which the savage sexual orgies organized by the emperor took place.

At Caesar, dedicatis per Campaniam templis[1] (quamquam edicto monuisset, ne quis quietem eius irrumperet, concursusque oppidanorum disposito milite prohiberentur), perosus[2] tamen municipia et colonias omniaque in continenti sita[3] Capreas se in insulam abdidit, trium milium freto ab extremis Surrentini promunturii diiunctam. Solitudinem eius placuisse maxime crediderim, quoniam importosum circa mare est et vix modicis navigiis pauca subsidia[4] sunt; neque adpulerit quisquam nisi gnaro custode[5]. Caeli temperies hieme mitis est obiectu montis quo saeva ventorum arcentur; aestas in Favonium obversa et aperto circum pelago peramoena est: prospectabatque pulcherrimum sinum, antequam Vesuvius mons ardescens faciem loci verteret.

(adapted from Tacitus)

1 'Dedicated temples through Campania'.
2 'detesting'.
3 'And everything that was located on the continent'.
4 'Places of refuge'.
5 'And no one would ever arrive if it was not with the vigilante's knowledge'.

126. Peasant origin of the Romans

Antiqui scriptores Romanum populum natum a pastoribus arbitrantur. Narrant enim Faustulum, qui duos fratres educavit, pastorem fuisse et

Romulum ipsum Romam condidisse die Pali deae dicato[1], quae dea pastorum est. Prisci Romani peculium appellabant aes, quod, pecus vendentes, sibi parabant. In deorum sacrificiis pecudes immolabant ut numinum favorem sibi compararent vel culpas suas expiarent. Varro, auctor rerum antiquarum peritissimus, tradidit sacrificium maximum suovetaurilia appellatum esse quia sacerdotes, ut populum lustrarent, suem, ovem et taurum immolare soliti essent. Etiam multa hominum cognomina ex rebus rusticis tracta erant. Nam inter omnes constat Porcios, Tauros, Asinios nomina sua ex porcis, tauris, asinis traxisse. Etiam ex fructibus terrae multae gentes cognominatae sunt, ut Fabii a faba, Cicerones a cicere, Pisones a piso.

1 "The day dedicated to the goddess Pales'.

XXXI. USES OF *CUM*

127. Origin of the mausoleum

Tomb of Cecilia Metela, mausoleum on the Via Appia in Rome.

Artemisiam Mausolum virum amavisse tradunt[1] supra omnes amorum fabulas ultraque affectionis humanae fidem. Mausolus autem fuit, ut M. Tullius dicit, rex terrae Cariae, ut alii Graecarum historiarum scriptores, provinciae praefectus vel satrapes Graeco nomine[2]. Is Mausolus, cum e vita excessisset, inter lamenta et manus uxoris funere magnifico sepultus est; Artemisia uxor, quae maritum fortissime desiderabat et luctu in desperationem inciderat, cum ossa cineremque eius miscuisset odoribus contudissetque in faciem pulveris, ea aquae indidit ebibitque multaque alia violenti amoris indicia ostendit. Exstruxit ingenti cum impetu operis mariti memoriae causa sepulcrum illud, quod Halicarnassi collocatum est et numeratum inter septem omnium terrarum spectacula. Id monumentum Artemisia cum dis manibus sacris Mausoli dicaret, certamen de laudibus mariti curavit ut pararetur[3] delegitque praemia pecuniae aliarumque rerum bonarum amplissima.

(adapted from Aulus Gellius)

1 'They say that Artemisia loved her husband Mausolus…'
2 'Satrap, in Greek name'.
3 'He endeavored to organize a competition with praises of her husband'.

128. Ulysses becomes Nobody

Inde Ulixes pervenit ad Cyclopem Polyphemum, Neptuni filium, cui responsum erat[1] ut curaret ne ab Ulise excaecaretur. Polyphemus media fronte unum oculum habebat et carnem humanam edebat. Qui, cum pecus in speluncam adduxisset, molem saxeam ingentem ad ianuam opposuit et, cum Ulixem cum sociis inclusisset, nonnullos eorum consumere coepit. Ulixes, cum videret eius immanitatem atque feritatem vetare se non posse[2], vino, quod a Marone acceperat, eum inebriavit seque «Neminem» vocari nuntiavit. Itaque cum oculum eius trunco ardenti exureret, Polyphemus clamore suo ceteros Cyclopas convocavit ut auxilium oraret[3] eisque e spelunca, quae praecludebatur, dixit: «Nemo me excaecat». Illi autem, cum crederent eum id dicere ut fratres derideret, neglexerunt. At Ulixes socios suos ad pecora et se ad arietem alligavit itaque a spelunca omnes fugerunt.

(adapted from Hyginius)

1 'To whom he had been answered'.
2 'Seeing that he could not forbid his greatness and ferocity'.
3 'To ask for their help'.

129. A slave rebellion

In Sicilia, Syrius quidam nomine Eunus fanatico furore, quasi numinum imperio[1], ad libertatem et arma servos concitavit. Ille primo duo milia servorum, mox refractis ergastulis, sexaginta amplius militum fecit exercitum, et decoratus insignibus, castella, vicos, oppida, miserabili direptione vastavit. Tandem, Perpenna imperator eum deprehendit atque capite damnavit[2], ceterosque apud Hennam obsessos cum fame consumpsisset, reliquias latronum compendibus catenis crucibusque punivit. Vixdum respiraverat insula Sicilia, cum statim quidam Athenio pastor, interfecto domino, familiam ergastulo liberatam[3] sub signis ordinat. Ipse, veste purpurea argentoque baculo, non minorem, quam ille fanaticus prior, exercitum conflavit. Sed Titus Aquilius, Perpennae exemplo, interclusum hostem fame facile delevit. Eorum dux morte multatus est[4].

(adapted from Florus)

Different utensils for the control of slaves.

1 'Almost by order of the gods'.
2 'condemned him to death'.
3 'A family taken out of prison'.
4 'Their general was punished with death'.

130. Caesar crosses the river Rhine

Caesar, cum per exploratores cognovisset Gallos a Germanis adiutos esse[1], exercitum Rhenum transportare constituit. Postquam ad ripam fluminis pervenit, milites castra locare iussit. Regionis accolae aliquas naves habebant, quibus milites transportari poterant, sed Caesar, quoniam accolis diffidebat, ripas fluminis ponte iungere constituit. Statim ligna et quodcumque ad opus necessarium erat[2] comportari iussit atque unicuique militum aliquid mandavit. Ponte brevi tempore exstructo, Caesar exercitum trans Rhenum traduxit et in utraque ripa castella communivit praesidioque firmavit. Milites e castris excedere vetuit; ipse cum equitibus in fines Sueborum contendit. Cum audivisset Germanos se in silvis abdidisse[3], vicos agrosque eorum ferro ignique vastavit. Tum legiones in Galliam reduxit; pontem interrumpi vetuit.

(adapted from Julius Caesar)

1 'That the Gauls had been helped by the Germans'.
2 'Everything that was necessary for the task'.
3 'That the Germans had hidden in the woods'.

131. Theseus

Minos[1], rex Cretae, cum Atheniensibus bellum gesserat, Athenienses victi quotannis septenos pueros et septenas puellas Minotauro, quod erat monstrum in labyrintho, mittebant. Theseus, regis Atheniensium filius, postquam audivit quanta calamitate cives premerentur, sese Minotaurum necaturum esse pollicitus est[2]. Discedentem pater oravit[3], ut, si victor reverteretur, vela candida in nave panderet. Nam ii, qui ad Minotaurum mittebantur, velis atris navigabant. Theseus postquam in Cretam insulam venit, Ariadnae, Minois filiae, carus fuit; quae ei, quomodo ex labyrintho exire posset, monstravit. Theseus cum introisset et Minotaurum interfecisset, licium, quod Ariadna ei dederat, revolvit et salvus ex labyrintho egressus est. Ariadnam Theseus secum avexit, sed, iussu dei Bacchi, in insula Naxo reliquit. Cum inde domum navigaret, laetus victoria oblitus est vela candida pandere. Itaque Aegeus, pater eius, credens Theseum a Minotauro esse consumptum, in mare se praecipitavit, ex quo mare Aegeum nominatur.

(adapted from Hyginius)

1 subject of *gesserat*.
2 'He promised that he would kill the Minotaur'.
3 'As he left, the father asked him to...'.

132. The sword of Damocles

The Sword of Damocles. Richard Westall, 1812.

Dionysius, Syracusarum tyrannus, cum Damocles, unus ex eius adsentatoribus, commemoraret in sermone copias eius, opes, maiestatem dominatus, rerum abundantiam, magnificentiam aedium regiarum, negaretque umquam beatiorem hominem fuisse, olim ei dixit: «Visne igitur, quoniam te mea vita delectat, ipsam degustare?». Cum se ille cupere dixisset[1], Damoclem collocari iussit in aureo lecto, magnificis operibus picto, abacosque complures ornavit argento auroque caelato. Tum ad mensam eximia forma pueros[2] iussit consistere eique diligenter ministrare. Aderant unguenta, coronae; mensae conquisitissimis epulis extruebantur: fortunatum se Damocles esse putabat et ex se quaerebat num tam beatus futurus esset[3]! In hoc medio apparatu Dionysius fulgentem gladium e lacunari saeta equina aptum demitti iussit, ut impenderet illius beati cervicibus[4]. Damocles, tanto terrore captus est ut nec pulchros illos ministratores aspiceret nec manum porrigeret in mensam. Denique exoravit tyrannum ut abire liceret[5], quod iam beatus nolebat esse.

1 'saying that he wanted it'.
2 'Boys of great beauty'.
3 'And he was wondering if he would be so happy'.
4 'In such a way that it hung over the head of this fortunated one'.
5 'He asked the tyrant to let him out'.

133. Balearic slingers

In Antiquity, the Balearic Islands were known as the «islands of the slingers», and it is even thought that it was the slingers or «throwers» (Phoenician «ba'léyaroh») who gave their name to the islands.

Balearic sling throwers, trained from a young age, were legendary. According to the legend, parents placed the food of their children on tree branches so that, if they wanted to get it, they would have to knock it down with the sling. To be admitted to warrior groups, objects were placed in various places and the would-be warrior had to shoot them all down.

Each Balearic slinger had three slings on their body, one rolled on the wrist, like a bracelet, which was used at short distances; another rolled up around his head, like a ribbon, used in mid-range launches, and finally, a last one tied to the waist, like a belt, which was used for longer and more powerful throws.

Balearic slingers fought as mercenaries in the first two Punic Wars, under the command of Hamilcar Barca and Hasdrubal, and later they also fought under the orders of Hannibal, repudiating the attacks of the Roman army in the Iberian Peninsula. When the consul Caecilius Metellus tried to conquer the Balearic Islands, the warriors sank several Roman ships with their slings. But two years later, having covered the ships with skins, Caecilius Metellus returned to the Balearic Islands, and this time the stones could not penetrate the leather cuirass. Rome conquered the islands in 123 BC, founding the cities of Palma and Pollentia.

The fame of the slingers reached Julius Caesar, who requested their services as the first line of infantry in the Gallic Wars. Later, the deep Romanization of the island made the mission of these warriors meaningless.

Baleares per id tempus insulae piratica rabie maria corruperant. Homines feri atque silvestres audebant a scopulis suis saltem maria prospicere, ascendere etiam inconditas rates et praeter navigantes subinde inopinato impetu terrere[1]. Sed, cum venientem ab alto Romanam classem prospexissent[2], praedam putantes[3], ausi sunt etiam occurrere et primo impetu ingenti lapidum saxorumque nimbo classemque operuerunt. Eorum ictus certissimi sunt, nam haec sola huic genti arma sunt, id unum ab infantia studium est. Cibum puer a matre non accipit nisi quem, ipsa monstrante, percusserit[4]. Sed non diu lapidatione Romanos terruere. Postquam comminus ventum est, expertique sunt rostra et pila venientia, clamore sublato, petiverunt fuga litora, dilapsique sunt in proximos tumulos.

(adapted from Florus)

1 'To frighten the navigators'.
2 'Seeing a Roman fleet approaching from the high seas'.
3 'Believing it a prey'.
4 'Unless he hits it, while she shows it'.

134. A naval victory of Scipio

Scipio Africanus Freeing Massiva. Giovanni Battista Tiepolo, 1719.

Principio aestatis in Hispania quoque terra marique inceptum bellum est. Hasdrubal classem ingentem prope terram, exercitum in litore ducebat, ad bellum paratus. Cn. Scipio, postquam movisse ex hibernis hostes audivit[1], delectis militibus in naves impositis, cum sua classe ire obviam hosti pergit nec longe ab ostio Hiberi amnis pervenit. Inde duae speculatoriae naves praemissae renuntiaverunt classem Punicam stare in ostio fluminis castraque in ripa posita esse. Itaque Scipio, sublatis ancoris, ad hostem vadit. Conspectis hostium navibus, Hasdrubal classiarios conscendere naves atque arma capere iubet. Romana classis iam haud procul portu erat. Sed repente magnus tumultus factus est, ruentibus in naves simul remigibus militibusque. Omnes omnia raptim ac propere faciunt: prae nautarum trepidatione capere et aptare arma Poeni non possunt. Interim Romani appropinquabant et iam naves in pugnam direxerant: itaque Carthaginienses, non ab hoste et proelio sed suo ipsi tumultu turbati, in fugam averterunt classem.

(adapted from Livius)

1 'After hearing that the enemies moved from their winter camps'.

XXXII. USES OF *QUOD*

135. Caesar defeats the Helvetii

Inter Romanos ac Helvetios anceps et acre proelium fuit. Quoniam[1] Helvetii diu sustinere nostrorum impetus non potuerunt, alteri in montem perrexerunt, alteri ad impedimenta et carros confugerunt. Tum proelium ad impedimenta commissum est, quod[2] Helvetii prae se carros posuerant et e loco alto in nostros venientes tela coniciebant et nonnulli inter carros hastas mittebant et nostros vulnerabant. Post cruentam pugnam impedimenta castraque a nostris capta sunt: etiam Orgetorigis, Helvetiorum principis, filia atque unus ex filiis captus est. Helvetii neque vulnerati neque capti fugerunt eaque tota nocte currentes in fines Lingonum incolumes pervenerunt, quia Caesar et propter vulnera militum et propter sepulturam occisorum contra illos mittere non potuerat. Deinde sine mora cum omnibus copiis eos sequi coepit.

1 'Since the Helvetii'.
2 'Because'.

136. The schools of the Druids

Druides a bello abesse consuerunt neque tributa una cum reliquis[1] pendunt. Militiae vacationem omniumque rerum habent immunitatem. Tantis excitati praemiis et sua sponte multi in disciplinam conveniunt et a parentibus propinquisque mittuntur. Magnum ibi numerum versuum ediscere dicuntur. Itaque annos nonnulli vicenos in disciplina permanent[2]. Neque fas esse existimant ea litteris mandare[3], cum in reliquis fere rebus, publicis privatisque rationibus, Graecis utantur litteris. Id mihi duabus de causis instituisse videntur, quod neque in vulgus disciplinam efferri velint neque eos, qui discunt, litteris confisos minus memoriae studere[4], quod fere plerisque accidit ut praesidio litterarum diligentiam in perdiscendo ac memoriam remittant.

(adapted from Julius Caesar)

1 'Together with the others'.
2 'Some remain twenty years as students'.
3 'They consider that it is not lawful to entrust it to writing'.
4 'Neither do they want those, who learn, to study less with memory having relied on writing'.

137. Socrates

The Death of Socrates. Jacques-Louis David, 1787.

Socratem, qui per multos annos cives suos sapientiam docuit[1] ipseque sanctissime vixit, Apollinis oraculum collaudavit, eum sapientissimum praedicans clara illa voce quam omnes discimus: «Mortalium unus Socrates vere sapit». Ex quo magna in illum invidia conflata est quod stultitiae accusabat eos[2], qui de se superbe et magnifice sentiebant, quorum in numero Anytus fuit. Hic enim, cum eum pigeret a Socrate increpari[3], Melito persuasit ut eum apud iudices accusaret quod iuvenes impietatem doceret et corrumperet. Quem non puduit tam turpia incitamenta sequi[4]. Haec ergo accusatio fuit: «Iura et leges patriae violat Socrates, negans esse illos deos, quos ex institutis maiorum sucepit civica, alia vero daemonia esse docens». Socrates igitur, damnatus capite, in vincula coniectus est, ubi, cum multa et praeclara de animo disseruisset, cicutam bibere iussus est. Athenienses postea eius facti tantum paenituit ut Melitum ipsum mortem punirent et Socratem aenea statua donarent[5].

1 The verb *doceo* is constructed with two accusatives, one of person and another of thing.
2 'Because he accused those people of being stupid'.
3 'Disgusting him to be scolded by Socrates'.
4 'He was not ashamed to follow such evil promptings'.
5 'And they honored Socrates with a bronze statue'.

138. Alexander the Great, seriously wounded

Alexandro in tabernaculum relato[1], medici lignum sagittae corpori infixum abscidunt. Corpore deinde nudato, animadvertunt hamos inesse telo, nec aliter id sine pernicie corporis extrahi posse quam secando vulnus. Ceterum medici effluvium sanguinis verebantur corpus secando, quia ingens telum in viscera penetraverat. Critobulus, inter medicos artis eximiae, sed in tanto periculo territus, metuebat ne in ipsius caput parum prosperae curationis recideret eventus[2]. Lacrimantem eum ac metuentem rex conspexerat[3]: «Quid», inquit, «expectas? Quid non quam primum hoc dolore me moriturum saltem liberas[4]? An timor tuus est quod ipse reus eris, cum insanabile vulnus acciperim[5]?». Critobulus tandem, vel finito vel dissimulato metu, latius vulnus patefecit et spiculum evellit; ingens vis sanguinis manare coepit linquique animo rex et velut moribundus extendi. Clamor simul atque ploratus amicorum oritur regem expiravisse credentium. Tandem constitit sanguis, paulatimque rex animum recepit et circumstantes coepit agnoscere.

1 'Alexander being driven to the tent'.
2 'He was afraid that the possibility of an unfavorable cure would fall on his head (= Critobulus)'.
3 'The king had seen him crying and afraid'.
4 'Why, since I have to die, at least you do not release me from this pain as soon as possible?'
5 'Or is your fear that you be accused yourself, since I have received an incurable wound?'.

XXXIII. ABLATIVE ABSOLUTE

139. Achilles

Dying Achilles statue in the Achilleion of Corfu.

Achilles, tristi Patrocli morte nuntiata[1], quasi dolore amens tota castra miseris eiulatibus implevit. Nunc nova ira non iam in Agamemnonem, sed in Hectoren animum eius vexabat et mortem amici vindicare statim cupiebat. Sed arma ei non erant[2], quia Patroclus armis eius indutus in pugnam irruerat eisque Hector eum spoliaverat[3]. Tum Achilles a matre Theti auxilium petivit. Thetis ad Vulcanum properavit, qui brevi tempore arma splendida confecit. Postero die Achilles proelium commisit, maximo ardore Graeci pugnaverunt, et Troiani intra moenia confugerunt. Hector quoque, magno terrore captus, in urbem frustra intrare temptavit, itaque solus in acie mansit et singulare certamen vitare non potuit[4].

1 'The sad death of Patroclus announced'.

2 'But he had no weapons'.

3 'And Hector had dispossessed him of them'.

4 'He could not avoid a singular fight'.

140. The battle of Actium

Actium's naval battle took place on September 2, 31 BC, between the fleets of Mark Antony (who had married Cleopatra) and those of Julius Caesar Octavianus, heir to Julius Caesar. Both of them had been part of the second triumvirate. The confrontation, which occurred in Epirus, the current Balkans, resulted in the absolute victory of Octavian and the flight of Antonius and Cleopatra. Some 400 fighters participated in the battle, 200 of which died at the hands of the Octavians. The official propaganda turned the battle of Actium into a clash between the Roman gods and the Egyptian animal gods. The date of this battle has been used to mark the end of the Roman Republic and the beginning of the Empire. Likewise, the political future of the Roman nobles was marked by the side on which each one had positioned himself.

Antonius, qui Asiam et Orientem obtinuerat, Caesaris Augusti Octaviani sororem repudiaverat et Cleopatram, reginam Aegypti, uxorem duxit[1]. Hic quoque ingens bellum civile commovit quia Cleopatra, cupiditate abducta, optabat etiam in Urbe regnare. Augustus Antonium devicit navali pugna clara et illustri apud Actium, qui locus in Epiro est, unde Antonius in Aegyptum fugit et, desperans rerum[2], quia omnes ad Augustum transibant, se interemit suapte manu. Cleopatra sibi aspidem admisit et veneno eius mortem sibi conscivit. Octavianus Augustus Aegyptum Romano imperio adiecit.

1 'He married Cleopatra, the queen of Egypt'.
2 'Losing hope in the situation'.

141. The richest of the Romans

Lucius Lucullus ditissimus Romanorum existimatus est, quia, cum contra Mithridatem in Asiam consul missus esset, ingentissimam praedam ceperat et Romam cum infinitis spoliis rediverat. Tum coeperat villas magnificas immenso sumptu sibi aedificare, ubi tam splendide epulabatur ut nemo umquam magnificentiora convivia apparare posse videretur[1]. Quare cenae splendidae et sumptuosae «Lucullianae» appellatae sunt. Hic villam habuit apud Tusculum pulcherrimam, porticibus et exedris ornatam, tricliniis magnificis et tablinis pretiosis praeditam. In quam cum olim venisset Pompeius, omnibus rebus circumspectis, «Haec villa –inquit– mihi aestate amoenissima, sed hieme minus commoda videtur». Cui respondit Lucullus: «Num tibi videor minus sapere quam hirundines[2], quae, adventante hieme, sedem commutant?». Habebat enim alias villas in regionibus calidioribus, in quibus hiemare solebat.

1 'It seemed that no one could ever prepare such splendid banquets'.

2 'Do you think I know less than the swallows?'.

142. The death of Icarius

Dionysus and Icarius. Vessel of the 6th century BC. British Museum.

Cum Liber pater ad homines descendisset ut suorum fructuum suavitatem atque iucunditatem ostenderet, ad Icarium et Erigonam in hospitium liberale devenit. Iis utrem plenum vini[1] donavit, ut in reliquas terras vinum propagarent. Icarius, plaustro onerato, cum Erigone filia et cane Maera in terram Atticam ad pastores devenit et vini suavitatem ostendit. Sed pastores, cum immoderatius bibissent, ebrii conciderunt; postea, existimantes Icarium sibi malum medicamentum dedisse, fustibus eum interfecerunt. Canis autem Maera ululans Erigonae monstravit ubi pater insepultus iaceret; at virgo, cum in locum venisset, super corpus parentis in arbore suspendio se necavit. Ob id factum Liber pater iratus Atheniensium filias simili poena afflixit. Athenienses de ea re ab Apolline responsum petierunt, iisque responsum est id evenisse quod Icarii et Erigonae mortem neglexissent[2]. Ideo de pastoribus supplicium sumpserunt et Erigonae diem festum instituerunt; postea per vindemiam de frugibus Icario et Erigonae primum semper delibaverunt. At ii deorum voluntate in astrorum numerum sunt relati: Erigona signum Virginis, quam nos Iustitiam appellamus, dicta est, Icarius Arcturus appellatus est, canis autem Maera Canicula.

1 'A wineskin full of wine'.
2 'And they were told that this had happened because they had despised the death of Icarius and Erigone'.

XXXIV. GERUND, GERUNDIVE AND SUPINE

143. Caesar faces an unforeseen assault

During the campaign against the nerves, Caesar encourages with few words to his soldiers to resist bravely: the enemies are close and they can not lose time.

Caesar necessariis rebus imperatis ad cohortandos milites, in eam partem quam fors obtulit, decucurrit et ad legionem decimam devenit. Milites cohortatus ut suae pristinae virtutis memoriam retinerent neu perturbarentur animo hostiumque impetum fortiter sustinerent. Quod non longe hostes aberant[1], proelii commitendi signum dedit. Atque in alteram partem item cohortandi causa[2] profectus pugnantibus occurrit. Temporis tanta fuit exiguitas hostiumque tam paratus ad dimicandum animus, ut non modo ad insignia accomodanda, sed etiam ad galeas induendas scutisque tegimenta detrahenda tempus defuerit. Ad hanc partem in quam quisque casu devenit[3], eo constitit, ne in quaerendis suis pugnandi tempus dimitteret.

(adapted from Julius Caesar)

1 'Since the enemies were not far away'.
2 'To encourage them'.
3 'In that part where each one was by chance'.

144. The libraries of the ancient world

Apud Graecos bibliothecam primus instituit –ut dicunt– Pisistratus, Atheniensium tyrannus, quam deinceps ab Atheniensibus auctam Xerxes, incensis Athenis, evexit in Persas, longoque post tempore Seleucus rursus in Graeciam rettulit. Hinc etiam apud ceteras urbes natum est studium comparandi volumina diversarum gentium, et per interpretes in Graecam linguam vertendi. Dehinc Alexander Magnus vel successores eius instruendis omnium librorum bibliothecis animum intenderunt[1]. Maxime Ptolomaeus Philadelphus, omnium litterarum sagacissimus, cum studio bibliothecarum Pisistratum aemularetur; non solum gentium libros, sed etiam divinas litteras in bibliothecam suam contulit. Nam septuaginta milia librorum huius temporibus Alexandriae inventa sunt. Hic Ptolomaeus etiam Scripturas Veteris Testamenti, in Graecam linguam ex Hebraica per septuaginta interpretes transferendas curavit[2]. Romae primus librorum copiam advexit Aemilius Paulus, Perseo, Macedonum rege, devicto[3]. Caesar dedit Marco Varroni negotium quam maximae bibliothecae construendae[4]. Primus autem Romae bibliothecas Graecas simul atque Latinas publicandas curavit Pollio, additis auctorum imaginibus in atrio, quod magnificentissimum instruxerat.

Library of Celsus in Ephesus (1st-2nd century AD).

1 'They dedicated themselves to organizing the libraries of all the books'.
2 'He made sure that the writings of the Old Testament were translated into the Greek language, from Hebrew, by means of seventy interpreters'.
3 'Once defeated Perseus, king of Macedonia'.
4 'To build a library as large as possible'.

145. The birth of society

Populus est non omnis hominum coetus quoquo modo congregatus[1], sed coetus multitudinis iuris consensu et utilitatis communione sociatus. Eius autem prima causa coeundi est non tam imbecillitas quam naturalis quaedam hominum quasi congregatio[2]. Urbis condendae originem atque causam non unam intulerunt, sed alii eos homines, qui sint ex terra primitus nati, cum per silvas et campos erraticam vitam degerent, bestiis et fortioribus animalibus praedae fuisse commemorant. Tum eos, qui laniati effugerant aut laniari proximos viderant, admonitos periculi sui, ad alios homines decurrisse, praesidium implorasse et primo nutibus voluntatem suam significasse, deinde sermonis initia temptasse. Cum autem nec multitudinem ipsam viderent contra bestias esse tutam[3], oppida etiam coepisse munire. Haec aliis doctis hominibus delira visa sunt, dixeruntque non ferarum laniatus causam fuisse coeundi, sed ipsam potius humanitatem, itaque inter se congregatos, quod natura hominum solitudinis fugiens et communionis ac societatis adpetens esset.

1 'Congregated in any way'.
2 'A certain natural congregation, so to speak, of human beings'.
3 'Seeing that the crowd was not safe against the beasts'.

146. The murder of Domitian (51-96 AD)

Domitian was ambitious and authoritarian. This kept him away from politics during the reigns of his father Vespasian and his brother Titus. But when Titus died without successors, Domitian was elected emperor by the praetorians, and the Senate confirmed the election.

Domitian set up important reforms. He promoted agriculture, maintained order in the provinces, reorganized the army and reformed customs. He gained the army and the people's friendship by organizing all kind of performances, giving gifts and increasing salaries; this considerably reduced the number of plots. In the field of foreign policy, he invaded Scotland to secure Roman possession of Britain. He consolidated the Roman presence in Germania and established on the right bank of the river a fortified strip called «limes», which was to serve to contain the barbarians. He waged war against the Dacians, although later he signed peace treaties and retreated to half Danube. Regarding his building program, he was the promoter of the arch of Titus, of the thermal baths later extended by Trajan, of the Forum and of the last floor of the Coliseum.

At the end of his days, Domitian broke with the Senate. This led to a wide series of trials and persecutions that ended with executions of members of the imperial family. Finally, a plot was organized in which the wife of the emperor participated and Domitian was stabbed, in the year 96 AD.

Domitian statue. Munich Glyptothek.

Memorabilis dictu[1] est Domitiani nex. Cunctantibus conspiratis et dubitantibus quando et quomodo Domitianum aggrederentur, Stephanus, sororis eius procurator, consilium operamque[2] ad caedem patrandam obtulit. Ad avertendam suspicionem sinistro brachio lana fasciisque per aliquot dies abvoluto ut aeger videretur[3], statuta necis hora dolonem taeniae interiecit et ad principem venit. Professus se conspirationis indicium significaturum et ob hoc in cubiculum admissus[4], Domitiano legenti libellum a se traditum[5] inguina suffodit. Tunc alii coniurati, in cubiculum irrumpentes, eum saucium ac repugnantem adorti, vulneribus septem contrucidarunt. Eum occisum populus indifferenter tulit, sed milites, eum Divum appellare conati, coniuratos necaturi erant[6] ut principem suum ulciscerentur.

Senatus vero adeo laetatus est ut, repleta statim curia, mortuum contumeliosissimis atque acerbissimis adclamationibus laceraret.

1 'Worth remembering'.
2 'advice and collaboration'.
3 'To make him look sick'.
4 'Having declared that he would reveal some information of the conspiracy and admitted to the room for this reason'.
5 'To Domitian, while reading a little book that he had given him'.
6 'intended to kill the conspirators'.

147. Augustus' passion for circus games

August had a great passion for games; when he attended them, he did it with the utmost attention, also to avoid the criticisms that his predecessor Julius Caesar had received for attending the shows without enthusiasm.

Ipse circenses ex amicorum fere libertorumque cenaculis spectatum veniebat, interdum ex pulvinari et quidem cum coniuge ac liberis sedens. Spectaculo plurimas horas, aliquando totos dies aberat, petita venia commendatisque iis qui suam vicem praesidendo fungerentur[1]. Verum cum adesset, nihil praeterea agebat, seu vitandi rumoris causa (quo patrem Caesarem vulgo reprehensum commemorabat, quod inter spectandum epistulis libellisque legendis aut rescribendis vacaret), seu studio spectandi ac voluptate, qua teneri se neque dissimulavit umquam et saepe ingenue professus est.

(adapted from Suetonius)

1 'Que desarrollaran la función de presidir'.

XXXV. ACTIVE AND PASSIVE PERIPHRASTIC CONSTRUCTIONS

148. It is necessary to know how to combine work and rest

Multum et in se recedendum est[1]. Miscenda tamen ista et alternanda sunt, solitudo et frequentia: illa nobis faciet hominum desiderium, haec nostri[2], et erit altera alterius remedium; odium turbae sanabit solitudo, taedium solitudinis turba. Nec in eadem intentione aequaliter retinenda mens est, sed ad iocos devocanda. Danda est animis remissio: meliores acrioresque requieti surgent. Ut fertilibus agris non est imperandum –cito enim illos exhauriet numquam intermissa fecunditas–, ita animorum impetus adsiduus labor franget, vires recipient paulum resoluti et remissi; nascitur ex assiduitate laborum animorum hebetatio quaedam et languor. Naturalem quandam voluptatem habet lusus iocusque, quorum frequens usus omne animis pondus omnemque vim eripiet: nam et somnus refectioni necessarius est, hunc tamen si per diem noctemque continues, mors erit.

(adapted from Seneca)

Island of Symi, in the Greek Dodecanese.

1 'You have to retreat a lot in oneself'.
2 'This, from us'.

149. Caesar denies a truce to the Germans

In 55 BC, the Germanic tribes of the Usipetes and the Tencteri, persecuted by the Swabians and the Ubii, manage to cross into Gaul across the Rhine. Caesar marches against them and, after a first encounter in which the Romans are defeated, decides not to grant them any truce.

Hoc proelio facto, Caesar neque iam sibi legatos audiendos neque condiciones accipiendas esse arbitrabatur ab eis qui per dolum atque insidias petita pace ultro bellum susceperant: exspectare vero, dum hostium copiae augerentur equitatusque reverteretur, summae dementiae esse iudicabat et, cognita Gallorum infirmitate, quantam auctoritatem iam apud eos Germani uno proelio essent consecuti sentiebat[1]; quibus ad consilia capienda nullum spatium dandum existimabat[2]. His constitutis rebus, opportunissime res accidit: postridie eius diei mane, eadem et perfidia et simulatione usi,

108

Germani frequentes, omnibus principibus maioribusque natu adhibitis, ad eum in castra venerunt, simul sui purgandi causa, quod proelium pridie commisissent, simul ut indutias fallendo impetrarent. Caesar, eos sibi traditos esse gavisus[3], illos retinendos putavit[4], ipse autem omnes copias castris eduxit equitatumque, quod recenti proelio perterritum esse existimabat, agmen subsequi iussit.

(adapted from Caesar)

1 'felt how much authority the Germans had achieved among themselves with a single battle'.
2 '(he) felt that they should not be given any occasion to take deliberations'.
3 'Rejoicing that they had surrendered to him'.
4 'considered that they had to be retained'.

150. The sacrifice of Iphigenia

The sacrifice of Iphigenia. Roman mosaic of Empúries (1st century AD).

In Aulidis portu, ex quo ad Troiam profecturae erant, naves Graecorum nimia maris tranquillitate detinebantur ob iram Dianae, quia sacra cerva eius ab Agamemnone necata erat. Tum Calchas, vates et sacerdos, docuit immolandam esse Agamemnonis filiam Iphigeniam ut Dianae ira placaretur. Sub speciem[1] nuptiarum cum Achille, innocens virgo ab urbe Mycenis, sua patria, ad castra Aulidis deducta est ut horribili ritu immolaretur. Iam, omnibus flentibus, sacerdos eam immolaturus erat, cum a dea ipsa manus eius, securim attollens, retenta est et in ara cerva adparuit a qua virgo nefanda nece liberata est[2]. Tandem classis portum relinquere potuit et ventis vela dare ut ad Asiam contenderet.

(adapted from Hyginius)

1 'Under the pretext'.
2 'She was freed from an unpronounceable death'.

151. Julian the Apostate (331 – 363 AD)

Julian the Apostate was the nephew of Constantine I and one of the few members of his family who escaped the massacre ordered by the emperor in 337 to eliminate rivals among his direct descendants. He spent his youth in exile in Cappadocia, where he received a careful education in Greek culture: he learned the doctrines of the Greek philosophers of his time and converted to classical paganism, although he had to pretend to follow the Christian religion, official in the Empire.

Emperor Constantius II named him Caesar in 355 and made him marry his daughter. Destined to the border of the Rhine, he fought effectively against the Germans and reinforced the fortifications of Gaul; the military prestige that he acquired in those campaigns made the troops, who mutinied against the order to move to the East, proclaim him emperor in Lutetia (today's Paris) in 360. In 362, Julian left Constantinople to begin his military campaign against the Persian Empire. A year later, in 363, Julian died after the victory secured in the battle of Ctesiphon.

Julian the Apostate is known because, during his brief reign, he restored paganism as the official religion of the Empire, protected the Jews and tried to dismantle the influence acquired by Christians, forbidding them from occupying any public office and dedicating themselves to teaching. He also undertook a program of reforms aimed at reducing bureaucracy and fighting corruption.

He was succeeded at the head of the troops by a soldier named Jovian, who officially reestablished Christianity, which was already deeply rooted among the popular masses.

Nunc mihi de Iuliano dicendum est[1], qui fuit imperator et philosophiae studiosissimus. Consensu magis, cum Illyriam invasurus esset ut barbarorum seditiones exstingueret, Augustus est factus, cuius magis est laudanda virtus quam fortuna. Nam, cito ei bellum contra Parthos, nomini Romano infestissimos, suscipiendum fuit[2]. In hoc bello multa oppida et castella oppugnavit, sed, cum iam in patriam victor reversurus esset, dum inconsultius in proelium se inserit, hostili manu interfectus est anno septimo imperii sui. Fuit vir egregius, qui rem publicam insigniter moderaturus erat, sed fata adversa fuerant. Fuit in amicos liberalis, in provinciales iustissimus, gloriae avidus, in liberalibus doctrinis eruditissimus. Non tamen tacendum est eum Christianae religionis insectatorem fuisse, sed a cruore abstinuit[3]. Cum vulneratus in tabernaculo iaceret et e vita decessurus esset, cum amicis de immortalitate animi disputavit.

(adapted from Eutropius)

1 'Now I have to talk about Julian'.
2 'had to wage a war against the Parthians'.
3 'But he abstained from blood' (i.e. to kill).

XXXVI. COORDINATE SENTENCES

152. Hannibal is saddened by Marcellus' corpse

Hannibal finds Marcellus' corpse. Louis-Jean-François Lagrenée, 18th century.

Hannibal cum reliquos minimi faceret[1], Marcello cecidisse audito[2], ipse ad locum accurrit, cadaverique adsistens, diuque corporis robur et formam contemplatus, neque superbam ullam emisit vocem, neque vultu laetitiam (ut consentaneum erat ei qui tam molestum et gravem hostem interfecisset) prae se tulit; se inopinatum viri exitum miratus, anulum ei abstulit, corpus digno habitu ornatum, vestibusque decentibus amictum cremavit, reliquias in urnam argenteam lectas, aurea superaddita corona, ad filium eius misit. Sed quidam Numidae in ferentes ea inciderunt[3] et cum eorum magni interesset omnibus illis pretiosis rebus potiri, adimere vi conati sunt. Illis reluctantibus ac vim vi repellentibus, ossa disiecta sunt. Hannibal hoc audito, ad eos qui aderant: «Hoc mementote! Nihil», inquit, «utique diis invitis fieri potest». Numidis capitis damnatis[4], nullam praetera de Marcelli reliquiis colligendis curam habuit: sicut qui, dei alicuius nomine, Marcello hunc exitum vitae et sepulturae privationem ita praeter omnium opinionem evenisse crederet[5].

(adapted from Nepos)

1 'making the others of very little account'.
2 'When he heard that Marcellus was dead'.
3 'They met those who carried it'.
4 'Numidians condemned to death'.
5 'As if he believed that this end for his life and this deprivation of burial happened by the will of some god, against the opinion of all'.

153. The Pax Romana

Finita bella civilia, sepulta externa, revocata pax, sopitus ubique armorum furor, restituta vox legibus, iudiciis auctoritas, senatui maiestas, imperium magistratuum ad pristinum redactum modum[1]. Prisca illa et antiqua rei publicae forma revocata. Rediit cultus agris, sacris honos, securitas hominibus, certa cuique rerum suarum possessio. Leges emendatae utiliter; senatus sine asperitate nec sine severitate lectus. Principes viri qui triumphisque et amplissimis honoribus functi erant, adhortatu principis ad summos honores inlecti sunt.

(adapted from Velleius Paterculus)

1 This is an enumeration with a series of words in nominative, without verb. The structure is repeated at other times in the text.

154. Cornelius Scipio in Hispania

Romani, cum duas clades in Hispania accepissent, statuerunt exercitum augere et mittere in eam provinciam proconsulem. Nemo autem audebat illud imperium suscipere. Subito Cornelius Scipio, quattuor et viginti ferme annos natus, declaravit se petere, et omnes ad unum in Hispaniam proconsulem eum esse iusserunt. Sed, sedato animorum impetu, Romanos paenitentia facti invasit, nam aetati Scipionis maxime diffidebant[1]. Scipio autem, cum id animadvertisset, advocata contione, de bello sapienter et fortiter disseruit, sicque homines cura liberavit et spe certa implevit.

(adapted from Lhomond)

1 'Since they distrusted much of Scipio's age'.

155. The Germans do not respect the truce

At hostes, ubi primum[1] nostros equites conspexerunt, quorum erat quinque milium numerus, cum ipsi non amplius octingentos equites haberent, nihil timentibus nostris, quod legati eorum paulo ante a Caesare discesserant atque is dies indutiis erat ab his petitus, impetu facto celeriter nostros perturbaverunt. Rursus his resistentibus consuetudine sua ad pedes desiluerunt; subfossis equis compluribusque nostris deiectis reliquos in fugam coniecerunt. In eo proelio ex equitibus nostris interficiuntur quattuor et septuaginta, in his vir fortissimus, Piso Aquitanus, amplissimo genere natus. Hic, cum fratri intercluso ab hostibus auxilium ferret, illum ex periculo eripuit, ipse equo vulnerato deiectus fortissime restitit: cum circumventus cecidisset atque id frater procul animadvertisset, incitato equo se hostibus obtulit atque interfectus est.

(adapted from Julius Caesar)

1 'as soon as they saw our cavalry'.

XXXVIII. SUBORDINATE SUBSTANTIVE CLAUSES

156. Augustus embellishes Rome

Scimus Augustum urbem Romam magnifice excoluisse. Publica opera plurima exstruxit, e quibus praecipua[1]: forum cum aede Martis Ultoris, templum Apollinis in Palatio, alterum Tonantis Iovis in Capitolio. In ea parte Palatinae domus, quae fulmine icta erat, templum Apollinis aedificavit; addidit porticus cum bibliotheca Latina Graecaque. Quaedam etiam opera sub nomine alieno fecit, ut porticum basilicamque Gai et Luci, item porticus Liviae et Octaviae, theatrumque Marcelli. Alios principes viros saepe hortatus est, ut urbem adornarent. Sic multi, pro facultate quisque[2], multa aedificia exstruxerunt. Spatium urbis in regiones vicosque Augustus divisit; aliqua templa vetustate conlapsa aut incendio absumpta refecit. Sic iure gloriatus est[3] Augustus marmoream se relinquere urbem, quam latericiam accepisset.

(adapted from Suetonius)

Cameo by Augustus. Kunsthistorisches Museum in Vienna (1st century AD).

1 'Among which the most important'.
2 'Each according to his possibilities'.
3 'Thus Augustus boasted that ...'.

157. Trebonius prevents soldiers from plundering Marseille

Marseille is about to fall into the hands of the Romans. The inhabitants, fearing that the city be abandoned to plunder, plead with Lieutenant Trebonius not to take any initiative before the arrival of Caesar.

Massilienses, urbis direptione perterriti, inermes cum infulis se porta foras[1] universi proripiunt ad legatos atque exercitum supplices manus tendunt. Qua nova re oblata[2], omnis administratio belli consistit, militesque, aversi a proelio, ad studium audiendi et cognoscendi feruntur. Ubi hostes ad legatos exercitumque pervenerunt, universi se ad pedes proiciunt; orant ut adventus Caesaris exspectetur; dicunt se captam suam urbem videre, itaque ab defensione desistere. Quibus rebus commoti legati milites ex opere deducunt[3], oppugnatione desistunt, operibus custodias relinquunt. Indutiarum quodam genere misericordia facto[4], adventus Caesaris exspectatur. Caesar enim per litteras Trebonio magnopere mandaverat ne per vim oppidum expugnari pateretur, ne milites, odio permoti, omnes puberes interficerent, quod se facturos minabantur[5]. Romani milites aegre tunc sunt retenti quin oppidum irrumperent[6], graviterque eam rem tulerunt[7], quod stetisse per Trebonium quominus oppido potirentur, videbatur[8].

(adapted from Julius Caesar)

1 'Outside the door'.
2 'This new situation presented'.
3 'Legacies remove the soldiers from their task'.
4 'Made a kind of truce for mercy'.
5 'Which they threatened to do'.
6 'They were retained from breaking into the stronghold'.
7 'And they took it wrong'.
8 'Because it seemed that it was because of Trebonius that the assault had not occurred'.

158. The oracle of Delphi responds to Giges

Cum olim Gyges, rex Lydiae magnus, armis et divitiis inflatus, Delphos venit ut Apollinem interrogaret quisnam se esset felicior[1], deus ex abdito sacrarii specu, vocem mittens, Aglaum Psophidium Lydiae regi anteposuit. Aglaus pauper Acras erat, sed, iam aetate confectus, ex agelli sui finibus numquam excesserat, parvuli ruris fructibus contentus. Verum profecto beatae vitae finem Apollo statim ostendit. Sic igitur respondit deus regi insolenter fulgorem fortunae predicanti[2]: «Tugurium probo securum atque laetum, non tristem curis et sollicitudinibus aulam; probo paucas glebas, non Lydiae arva metu referta; nec arma nec equitatus, impensis voracibus onerosus, sed pauci boves et equi, magno usui sunt hominibus ut quieti vivant, uxori liberisque provideant!» Ita Gyges, dum deum habere astipulatorem vanae opinionis concupiscit, veram, solidam et sinceram felicitatem didicit.

Athenian Treasury in Delphi.

1 'If there was someone happier than him'.
2 'To the king who preached the brightness of fortune insolently'.

159. Niobe

Nioba non solum propter genus, formam maritique regnum superba erat, sed etiam propter magnum liberorum numerum: nam ex Amphione septem filiis totidemque virginibus[1] editis nimium gaudebat. Olim Manto, Tiresiae filia, divino concita motu, vaticinabat et Thebanas mulieres monebat, ut Latonae, Apollinis et Dianae matri, sacra facerent. Omnes Thebaides iussis sua tempora frondibus[2] ornant turaque dant sanctis et verba precantia flammis[3]. Sed Nioba eas arroganter sprevit: «Cur» dixit «colitur Latona per aras, numen adhuc sine ture meum est? Ego quoque genere divino sum, cur igitur non mihi immolatis? Cur duorum tantum liberorum matri immolatis? Ego natas septem et totidem iuvenes et mox generosque nurusque habeo!». Statim Niobae verba Latonae iram excitaverunt; dea liberos suos, Apollinem et Dianam, oravit ut contumeliam vindicarent. Confestim itaque Apollo et Diana tecti nubibus Thebas venerunt ac Niobae filios, in campo equis exercentes, sagittis necaverunt. Pater Amphion post necem filiorum ferro se interfecit. Diana virgines pari calamitate affecit. Dolor autem tantus fuit ut misera mater in saxum mutata est.

(adapted from Ovid)

1 'And the same number of girls'.
2 *iussis ... frondibus.*
3 *sanctis ... flammis.*

XXXVIII. SUBORDINATE ADJECTIVE CLAUSES (EXTENSION)

160. The Second Macedonian War

Cum mortuus esset Philippus, qui antea adversus Romanos bellum gesserat, filius eius Perseus in Macedonia rebellavit et ingentes copias, quibus bellum gereret, comparavit; tum qui populi Romanis infesti erant, eos socios adscivit[1]. Nam adiutores habebat Cotyn, cuius regnum in Thracia erat, et regem Illyrici, cui nomen Gentius erat. Romanis autem in auxilio erant Eumenes, Asiae rex, Ptolemaeus Aegypti, Masinissa Numidiae, qui ingentes copias miserunt. Prusias autem, Bithyniae rex, qui sororem Persei uxorem habebat, utrisque decertantibus se aequum praebuit[2]. Publius Licinius consul, quem senatus in Macedoniam miserat, a rege Perseo gravi proelio victus est. Tunc, quamquam victor erat, ille ad Licinium legatos misit, quorum opera pax conciliaretur[3]. Quibus responsum est ut, si rex pacem conciliare vellet, se populo Romano daret. Cum has condiciones non accepisset Perseus, contra eum missus est Aemilius Paulus, qui eum vicit apud Pydnam, quod oppidum Macedoniae est.

(adapted from Eutropius)

1 'He attracted as allies peoples who were enemies of the Romans'.
2 'And he was equidistant from the two contenders'.
3 Relative clause with final force.

161. The doctrine of the transmigration of souls

Inter maximos antiquos philosophos numerari debet Pythagoras Samius[1], qui, natus in insula Samo, iam admodum iuvenis existimavit se omnes Mediterranei regiones peragrare debere, ut earum gentium mores et instituta cognosceret. Nam quocumque adiit[2], novas disciplinas didicit: ab Aegyptiis fundamenta ac caerimonias religionum, a Chaldeis astrologiam, a Cretensibus et a Lacedaemoniis leges, quibus res publicae optime administrarentur, didicit. Quibus cognitionibus praeditus, in patriam rediit, quam oppressam Polycratis tyrannide invenit: cum tyranno oboedire nollet, in Italiam migravit et in Graecia, quae Magna dicebatur, constitit. Primus docuit hominum animos esse immortales et post discessum e corpore in alia corpora vel hominum vel animalium migrare. Cuius rei se testem certissimum esse adfirmabat. Dicebat enim se olim Euphorbum Troianum fuisse, deinde pavonem, tum denique ipsum illum Pythagoram qui, cum transmigrationem animorum in se probavisset, aliis praecipere vellet.

Pythagoreans celebrate sunrise. Fyodor Bronnikov, 1869.

1 'Pythagoras of Samos has to be quoted'.

2 'Where he was going'.

162. Scylla

Scylla, pulcherrima virgo, quae filia erat Creteidis nymphae, in parva spelunca apud fretum Siculum vivebat. Cum eam vidisset Glaucus, qui in oris Brutii pisces retibus capiebat, statim cupiditate flagravit. At maga Circe, cuius Glaucus usque ad illam diem amator fuerat, invida pulchritudini Scyllae[1], fontem, in quo cotidie haec corpus suum abluebat, infecit venenis. In quem fontem, cum Scylla descendisset[2], venena eam in foedissimum monstrum mutaverunt. Qua re[3], misera virgo se praecipitavit in mare et ab illo tempore infesta fuit nautis, qui per fretum navigarent.

1 'Envious of the beauty of Scylla'.

2 'when Scylla dropped to this fountain'.

3 'For this reason'.

163. Resources of Britain according to Caesar

Britanniae pars interior ab iis colitur, quos natos in insula ipsi dicunt[1]; maritima pars ab iis, qui praedae causa a Belgis transierant et nomina priscarum civitatum servaverant. Qui, barbaris devictis, ibi permanserunt atque agros colere coeperunt. In insula hominum est infinita multitudo creberrimaque aedificia fere Gallicis consimilia; pecorum magnus numerus. Utuntur aut aere aut nummis aureis aut taleis ferreis, quas pro nummis adhibent. Nascitur plumbum album in mediterraneis regionibus; in maritimis ferrum, cuius tamen exigua est copia. Arbores omnis generis sunt ut in Gallia, praeter fagum atque abietem. Leporem et anserem gustare fas non putant[2], quas solum ad animi voluptatem alunt.

(adapted from Julius Caesar)

1 'who say themselves that they were born on the island'.
2 'do not consider it lawful to try the hare and the goose'.

XXXIX. SUBORDINATE ADVERBIAL CLAUSES

CLAUSES OF TIME

164. The computation of time among the Romans

Diei tempus ab ortu solis ad occasum in duodecim horas dividebant. Horae non numeris cardinalibus, sed ordinalibus indicabantur; hora prima, secunda, tertia… Etiam nox a Romanis in duodecim horis dividebatur, sed plerumque noctis tempus in quattuor vigilias dividebatur, quarum singulae ternis horis constabant. Romani annos ab urbe condita numerabant; exempli causa[1]: «Anno tricesimo septimo ab Urbe condita Numa Pompilius Romulo successit». Nos autem, exempli causa: «Vergilius poeta anno undevicesimo ante Christum natum mortuus est, Augustus anno quarto decimo post Christum natum».

1 'For example'.

165. Aristaeus the shepherd

Aristaeus pastor erat, valde studiosus mellifex et Eurydices nymphae[1] assiduus sectator. Olim nympha, dum Aristaei insidias effugere temptat, super aspidem inter herbas ocultam incaute pedem posuit. Anguis pedem momordit mulierumque ad Infernos demisit. Ceterae nymphae comitem magnis clamoribus luxerunt et, ira motae[2], Aristaei apes omnino deleverunt. Aristaeus, magno dolore affectus, ad amnis ripas contendit, ubi matris sedes erat: valles et montes undique clamoribus personabant. Mater ex aquis emersit et filio nympharum piaculum apiumque examinis restitutionem indicavit. Iuxta matris consilium, pastor nympharum aras quattuor arietum totidemque ovium cruore respersit. Postquam autem nona aurora illuxit, ex ovium visceribus densa apium nubes evolavit. Ita Aristaeus apium examen restituit atque alveare renovavit.

1 'Of the Nymph Eurydice'.
2 'Moved by anger'.

166. The Roman marriage

Postquam nuptiae celebratae erant, bonus Romanus vir magna diligentia domesticam rem familiarem administrabit et honestam quietem miserae ambitioni anteponet[1]. Quotannis in sacris victimas opimas immolabit et sacra rite perpetrabit; praeterea, cum mulierem quam amat in matrimonium duxerit et uxor domum accesserit, bona cum reverentia eam colet[2]. Postquam in lucem filii venerint, integer pater familias filiis, filiabus et servis summo ac severo arbitrio imperabit suamque auctoritatem exercebit: ita, dum familiae matrona cum multis ancillis in tectorum atriis lanam frequenter faciet, liberi eius vitam puriter agent severa disciplina et bene morati[3]. Ubi adulescentiae aetas pervenerit, pater familias adulescentulos iuvabit et assuescet vitae incommodis: mox ab iis magna pericula pro patria libenter tolerabuntur et in proeliis strenue pugnabitur.

Roman funerary relief, with the representation of a family. Palazzo Altemps, Rome.

1 'will set honest honesty before ambition'.
2 'Respect'.
3 'Well educated'.

167. The Paris trial

Cum Thetis Peleo nupsit[1], ad epulum omnes dei convocati sunt praeter Eridem, id est Discordia; quae cum postea supervenerat nec admittebatur ad epulum, ab ianua misit in medium malum dicitque: «Quae est formosissima, attollet[2]». Quia Iuno, Venus et Minerva formam sibi vindicabant, inter eas magna discordia fuit. Iuppiter imperat Mercurio: «Duc eas[3] in Idam montem ad Alexandrum Paridem eumque iube iudicare». Cui Iuno promisit: «Secundum me iudica et in omnibus terris regnabis, divitem praeter ceteros te praestabo». Minerva autem sic dixit: «Si inde victrix discedam, fortissimus inter mortales et omni artificio scius eris». Venus autem Helenam Tyndarei filiam formosissimam omnium mulierum in coniugium promisit. Paris donum posterius prioribus anteposuit[4] Veneremque pulcherrimam iudicavit; ob id Iuno et Minerva Troianis fuerunt infestae[5]. Alexander Veneris impulsu Helenam a Lacedaemone ab hospite Menelao Troiam abduxit eamque in coniugio habuit cum ancillis Aethra et Thisadie, quas Castor et Pollux captivas ei assignaverat, aliquando reginas.

1 'When Tetis married Peleus'.
2 'The one that is most beautiful, will take it away'.
3 'Take them'.
4 'He set the later gift before the previous ones'.
5 'For this reason Juno and Minerva were enemies of the Trojans'.

168. The reign of Jupiter

Postquam Iuppiter adolevit, Saturnum patrem de caelo praecipitavit et fratribus sororibusque ab eo devoratis vitam restituit[1]. Eorum auxilio postea asperum bellum contra Saturnum et Titanes gessit quod victor evasit[2]. Tum Saturnus cum Titanibus in tenebrosum Tartarum deiectus est Iuppiterque totius orbis imperium obtinuit, quod cum fratribus divisit: maris regnum Neptuno, inferorum sedem Plutoni, caelum autem sibi attribuit; terra communis possessio fuit. Sub Iovis imperio homines aetatem argenteam degerunt, qua[3] non, ut antea, ver aeternum habuerunt, sed quattuor tempora, ver, aestatem, autumnum, hiemem cognoverunt. Tum primum agri ab hominibus culti sunt.

1 'restored life to the brothers and sisters devoured by him'.
2 'From which he emerged victorious'.
3 'In which'.

169. The sacrifice of Isaac

Postquam Isaacus adolevit, Deus, tentans fidem Abrahami, dixit illi: «Abrahame, tolle filium tuum unicum, quem amas, et immola eum mihi in monte, quem ostendam tibi». Abrahamus non dubitavit parere Deo; imposuit ligna Isaaco, ipse vero portabat ignem et gladium. Cum iter facerent simul[1], Isaacus dixit patri: «Mi pater, ecce ligna ei ignis: sed ubinam est hostia immolanda[2]?» Cui Abrahamus: «Deus –inquit– nobis providebit hostiam, fili mi». Ubi pervenerunt ambo in locum designatum, Abrahamus exstruxit aram, disposuit ligna, alligavit Isaacum super struem lignorum, deinde arripuit gladium. Tum Angelus clamavit de caelo: «Abrahame, contine manum tuam ne noceas puero[3]. Iam tua fides mihi perspecta est. Ego favebo tibi et remunerabo splendide fidem tuam». Abrahamus respexit, et vidit arietem haerentem cornibus inter vepres, quem immolavit loco filii.

The sacrifice of Isaac. Giovanni Battista Piazzetta, 1715.

1 'While they made the road together'.
2 'The victim that must be immolated'.
3 'So you do not hurt the boy'.

170. Publius Cornelius Scipio, the African, in Hispania (235 – 183 BC)

Son of Publius Cornelius, he participated in the battle of Ticino (218 BC) against the army of Hannibal. Later he fought in the battle of Cannae (216 BC), where he survived the terrible defeat suffered by the Roman legions. After the death of his father and his uncle in Hispania, he was appointed proconsul at the age of twenty and was assigned the command of an army in charge of fighting the Carthaginians in the Iberian Peninsula.

Shortly after his arrival he took, by surprise, the Carthaginian capital in Hispania, Cartago Nova, in 209 BC. This success was reported by the alliance of many Iberian caudillos, such as Indibil and Mandonius, who joined his ranks. In the following years he fought the Carthaginians in Hispania. In 204 BC he defeated the Carthaginian armies in Utica, in North Africa, and forced peace talks with Carthage that soon broke up, with the return of Hannibal of Italy. At the battle of Zama (202 BC), Scipio inflicted on Hannibal his major defeat: Carthage was forced to surrender, and thus the Second Punic War was over. In 190 BC he participated in a campaign in Asia, after which he was accused of embezzlement. Scipio refused to defend himself publicly and retired to Liternum, where he spent the last years of his life.

Bello Punico secundo senatus, quod[1] Romani non solum in Italia sed etiam in Hispania a Carthaginiensibus superati erant, in Hispaniam misit P. Cornelium Scipionem, magni ingenii magnaeque audaciae adulescentem, filium P. Scipionis, qui ibidem in Poenos bellum gesserat. Scipio, postquam in Hispaniam pervenit, Carthaginem Hispaniae cepit, in qua omne aurum, argentum et belli apparatum Carthaginienses habebant, et nobiles obsides, quos ab Hispanis acceperant. Magonem etiam, fratrem Hannibalis, ibidem cepit eumque Romam cum aliis misit[2]. Romae[3], cum haec in senatu nuntiata sunt, ingens laetitia fuit. Praeterea, quia Scipio Hispanorum obsides parentibus reddiderat, omnes fere Hispaniae civitates ad eum transierant. Postea is Hasdrubalem, Hannibalis fratrem, vicit fugavitque et magnam praedam cepit. Insequenti anno Scipio in Hispania egregias res egit; in Italia autem male pugnatum est et Claudius Marcellus consul occisus est.

1 'Since the Romans...'.
2 'He sent him to Rome with others'.
3 'In Rome'.

CLAUSES OF CAUSE

171. The eruption of Vesuvius

The eruption of Vesuvius forever buried one of the most flourishing cities in southern Italy. Pompeii was a city of Oscan origin that was later occupied by the Etruscans and later by the Samnites; these towns, when mixed, gave rise to the bell culture. Pompeii was a port located in the Bay of Naples, at the mouth of the Sarno, and was situated between Herculaneum and Stabiae. It came under Roman control, with the rest of

Campania, at the end of the 4th century BC. During the social war, in 91 BC, Pompeii joined the Italic revolt. It was attacked in 89 BC by Sila, and most probably surrendered. Shortly after that its inhabitants received Roman citizenship, but were deprived of a part of its territory, where a military colony of the dictator Sulla was established. In the second half of the first century BC, the city was one of the favorite places of the Romans to establish their recreational residences. Many villas were built in and around the city, including Cicero's.

Forum of Pompeii, with Vesuvius in the background.

In the year 63 AD, an earthquake took place and the city was partially destroyed. When the rebuilding was nearly finished, Pompeii was buried by the explosion of Vesuvius, which destroyed it definitively in 79 AD. The eruptive material that submerged the city was constituted mainly of ash and lapilli (not hard material, unlike that that covered Herculaneum, which solidified into a very hard stone), which has preserved to this day not only the architecture, but also everything that was inside the houses or inside the stores. In this way, on the doors of the stores, the signs indicate the activity they carried out or the name of their owner. We found the stately villas of the richest classes and the most modest houses where the rest of the population lived. On the margins of the city are the brothels and the places of recreation. One can discover the daily routine of workers and slaves in the center streets, in the shops or in the spaces reserved for services. At the time of the eruption, the city was in the midst of an election campaign, so on the walls there are inscriptions that allow us to see how political propaganda worked in antiquity.

Hora fere septima apparet in caelo nubes inusitata et magna, quae a Vesuvio monte ascendit. Iam cinis incidit, calidus et densus, iam pumices etiam nigrique et fervidi lapides de caelo cadunt. Interim e Vesuvio latae flammae altaque incendia relucent. Multi Pompeiani ad oram fugiunt propter periculi magnitudinem et quia vitam suam servare optant[1]: cervicalia capitibus imponuntur et linteis constringuntur, ut munimentum adversus incidentia. Flammae et odor sulphuris, praenuntius flammarum, alios in fugam vertunt: nam tremor terrae perseverat et timor apud plebem cunctosque praevalet quia crebris vastisque tremoribus tecta nutant. Magna civium caedes evenit: multa milia Pompeianorum exspirant, quoniam ob vapores mortiferos animae intercluduntur; tota urbs mutatur et contegitur alto cinere tamquam nives cecidisset[2].

1 'And because they want to keep their life'.
2 'As if snow had fallen'.

172. Apollo and Diana

Kylix representing Apollo performing a libation. Archaeological Museum of Delphi.

Apollo, qui etiam Phoebus appellatur, Iovis et Latonae filius fuit et cum sorore Diana in insula Delo natus esse dicitur[1]. Hic musicorum ac poetarum deus est, quamobrem etiam dux Musarum dicitur, quarum numerum novem esse praedicant. Etiam medicinam Apollo invenit eiusque filius, qui Aesculapius vocatur, primus medicus fuisse traditur. Excellebat idem arte sagittandi; praeerat divinationi, quapropter plurima oracula Apollinis sacra erant, quorum nobilissimum Delphicum fuit. Huc Graeci veniebant ut deum consulerent, antequam aliquid grave inciperent[2], huc votiva dona post secundas res portabant. Fingebatur Apollo[3] imberbis iuvenis, longa coma decorus, dextra arcu tenens, sinistra lyram, plerumque lauro coronatus, quae arbor eius sacra existimabatur; unde etiam poetae lauro coronabantur. Diana, Apollinis soror, etiam Luna fuisse dicitur, quare semper cum lunula in fronte pingitur. Fingebatur sagittam et arcum manu tenens, canibus stipata[4], quia venationibus praeerat.

1 'It is said that he was born on the island of Delos'.
2 'Before starting something important'.
3 'Apollo was represented ..'..
4 'Accompanied by dogs'.

173. Gordian I

Nec solum Romani sed, quia Maximinus et in milites saeviebat, exercitus, qui in Africa erant, subita et ingenti seditione, Gordianum senem octogenarium, virum gravissimum, qui erat proconsul, imperatorem faciunt. Et quidem primo invitus Gordianus, cogente eum turba[1], quae procuratorem Maximini ob avaritiam necaverat, purpuram sumpsit; postea vero cum vidit neque filio, qui legatus erat, neque familiae suae tutum id esse, volens[2] suscepit imperium, et appellatus ab omnibus Afris Augustus cum filio, apud oppidum Tysdrum inde Carthaginem venit cum pompa regali, litterasque Romam misit ad senatum, quae in odium Maximini iucunde sunt acceptae. Interfecti deinde omnes delatores, omnes amici Maximini; Maximinus ipse cum filio hostis appellatus est.

1 'Obliged by the crowd'.
2 'Voluntarily'.

174. Testament of Micipsa (died year 118 BC)

Micipsa was a king of Numidia. Little is known of his reign but we can imagine that it was peaceful, since after the fall of Carthage, he had no dangerous neighbors. He was a faithful ally of the Romans, who helped in the war in Hispania against Viriathus (142 BC) and then against Numantia; in the latter, the Numidian contingent was commanded by his nephew Jugurta, whom Micipsa adopted as his son. Diodorus of Sicily considers Micipsa the most virtuous of all the African kings and says that he attracted to his court Greek philosophers and writers and that he himself studied philosophy. He made remarkable constructions in Cirta with numerous public buildings, and a good number of Greeks settled in Numidia. On the death of Micipsa (118 BC), and according to his testimony, Jugurta had to share the throne with his cousins Adherbal and Hiempsal, but he killed Hiempsal and, after several plots, seized the domains that the Senate of Rome had awarded to Adherbal (112 BC). With this rebellious attitude he provoked the wrath of Rome, which declared war on him. Defeated by Marius, after a long and hard contest, he was taken to Rome, where he was executed.

Arch of Trajan in Timgad (Algeria).

Parvum ego, Iugurtha, te, amisso patre, sine spe, sine opibus, in regnum meum accepi, existimans non minus me tibi, quam si genuissem, ob beneficia carum fore[1]; neque ea res me decepit. Nam, ut alia egregia et magna a te facta omittam[2], novissime rediens Numantia[3], meque regnumque meum gloria honoravisti tuaque virtute nobis Romanos ex amicis amicissimos fecisti. In Hispania nomen familiae nostrae renovatum est: postremo (quod difficillimum inter mortales est) gloria invidiam vicisti. Nunc, quoniam mihi natura finem vitae facit, per hanc dexteram[4], per regni fidem te moneo obtestorque ut hos filios meos, qui tibi genere propinqui, beneficio meo fratres sunt, caros habeas. Non exercitus neque thesauri praesidia regni sunt, sed amici; quos neque armis cogere neque auro parare queas: officio et fide pariuntur. Quid autem amicius quam frater fratri? Equidem ego regnum vobis trado: firmum, si boni eritis; sin mali, imbecillum.

1 'Considering that, for my benefits, you would want me no less than if I had fathered you'.
2 'Omitting other outstanding and great things done by you'.
3 'Returning very recently from Numantia'.
4 'by this (right hand)'.

FINAL CLAUSES

175. Arion the citharoedus

Arion Corinthius fuit poeta et musicus, cuius cantu suavissimo non solum homines sed etiam ferae commovebantur et delectabantur. Cum ex patria sua in Sicilia venisset et ibi arte sua ingentem famam et quaestum consecutus esset, navem conscendit ut Corinthum regrederetur. Sed in maritimo cursu nautae illius navis eius divitias surripuerunt et ipsum in undas deicere statuerunt[1] ut ibi morte opprimeretur. Tunc ille, priusquam deiceretur, sic nautas precatus est: «Vos precor ut ante perniciem meam suavem cantum meum audiatis». Cum nautae precibus eius cessissent, Arion in navis puppi stetit ut, more musicorum, vocem fidibus[2] iungeret. Cum omnes tantam peritiam admirarentur et suavi cantu magnopere delectarentur, Arion repente se in undas deiecit et a nautis ibi desertus est. Tum nova res accidit. Nam delphinus, qui cantu attractus erat, Arioni dorsum subdidit et eum incolumen in terra Laconicam devexit.

1 'And they decided to throw him to the waves'.
2 *Fides -is* (normally, plural): stringed instrument, lyre.

176. Furius Camillus frees Rome

Dum Roma a Gallis obsidebatur, Camillus, qui in exilium pulsum erat, arcessitus est[1], ut iterum dictator crearetur. Sed interim, quod pariter Romani et Galli fame urgebantur, a Quinto Sulpicio, Romanorum duce, et Brenno,

Gallorum duce, definitum est pretium mille pondo[2] auri, ut Galli obsidionem relinquerent. Quia autem a Sulpicio pondera, quae erant iniqua, recusata erant, Brennus gladium suum ponderibus addidit et conclamavit: «Vae victis[3]!». Sed nondum omne aurum repensum erat, cum Camillus intervenit. Imperat ut aurum de medio tollatur, denuntiatque Gallis, ut se ad proelium parent. Cum pugna deinde commissa est, Galli magnam cladem acceperunt, nec ullus nuntius caedis relictus est.

1 'He was called, he was made to come'.
2 Indeclinable: 'of weight'.
3 'Woe to the vanquished'.

177. Paris

Priamus, Laomedontis filius, qui prima moenia Troiae aedificaverat, ex Hecuba multos liberos genuit. Cum Hecuba praegnans esset, vidit in somnio se facem ardentem parere[1] et ex ea face serpentes innumeros erumpere. Cum somnium coniectoribus narratum esset, regi praeceperunt ut filium uxoris suae Hecubae necaret, ne ille patriae exitii causa esset. Cum filius ab Hecuba genitus est, servis commisus est ut eum interficerent, sed illi, misericordia moti, puerum exposuerunt apud montem Idam, ubi eum pastores reppererunt et tamquam filium educaverunt eumque Parin nominaverunt[2]. Cum adolevisset et ipse pastor factus esset, a Iove arcessitus est ut controversiam dearum dirimeret, dum in monte Ida oves suas pascebat. Cum autem ceteris deabus Venerem praetulisset, iram Iunonis et Minervae excitavit, quae ex eo die inimicissimae Troiae fuerunt.

(adapted from Hyginius)

1 'Give birth'.
2 'And they called him Paris'.

178. Public works of Augustus

Spatium urbis in regiones vicosque divisit instituitque ut illas annui magistratus sortito tuerentur[1], vicos magistri qui e plebe omnis viciniae legebantur. Adversus incendia excubias nocturnas vigilesque commentus est; ut coercerentur inundationes alveum Tiberis laxavit ac repurgavit quia completus erat olim ruderibus et aedificiorum prolationibus coartatus[2]. Quo autem facilius undique urbs adiretur[3], desumpsit sibi Flaminiam viam Arimino tenus ut muniretur, reliquas triumphalibus viris ex manubiali pecunia ut sternerentur distribuit. Cum aedes sacrae vetustate conlapsae aut incendio absumptae essent, eas refecit et opulentissimis donis adornavit, ut in cellam Capitolini Iovis sedecim milia pondo auri gemmasque ac margaritas quingenties sestertium una donatione contulerit.

(adapted from Suetonius)

1 'he established that annual magistrates would take care of them by lot'.
2 'And narrowed by the widening of the buildings'.
3 'in order that the city could be reached more easily from everywhere'.

179. Ulysses feigns insanity not to go to Troy

Ulysses fakes madness. Unknown artist. Early seventeenth century.

Apud veteres scriptores legimus Ulixem Aulidem, quo omnes Graeciae principes conveniebant ut contra Troiam bellum moverent, non venisse[1]. Statuerat enim bello non interesse[2], quia noverat ab oraculo se domum ante viginti annos non remeaturum esse, si in Asiam venisset. Cum autem cognovisset Agamemnonem Ithacam legatos misisse ut eum ad bellum evocarent, simulavit se dementem esse. Narrant enim legatos Agamemnonis eum invenisse in agro arantem et salem spargentem[3] in sulcos pro seminibus. Cum eum interrogavissent legati, respondit inanibus verbis. Sperabat enim tali modo futurum esse ut legatos deciperet et infaustum oraculum effugeret. At nihil ei profuit dolus[4], quia Palamedes simulationem eius statim patefecit. Nam Telemachum, Ulixis filiolum infantem, ante aratrum depositum statimque Ulixes, ne illum vomere interficeret, aratrum deflexit. Hac re omnes intellexerunt eum esse compotem sui[5].

1 'Ulysses did not go to Aulis...'.
2 'had decided not to participate in the war'.
3 'found him plowing in the field and spreading salt'.
4 'But the trick did not serve him'.
5 'That he was master of himself''.

CONDITIONAL CLAUSES

180. Ulysses betrays Achilles

According to a post-Homeric legend, after the kidnapping of Helena by Paris, Thetis entrusted to her her son Achilles. She disguised him as a girl named Pirra. Tethys resorted to this subterfuge to prevent Achilles from going to the Trojan War, where he knew he was going to die. Achilles maintained relations with Deidamia, the daughter of Licomedes, with whom he had a son, Neoptolemus. But Ulysses arrived at the court disguised as a merchant and offered the king's daughters several female objects. Achilles betrayed himself by choosing from among those present the weapons that Ulysses had placed among them; as a consequence, he had to go to war. Other versions indicate that it was a trumpet played by the cunning Ulysses, which created alarm and confusion in the house of King Licomedes. Achilles, according to his manly spirit, was instinctively called to face the probable danger.

Ad bellum contra Troiam, opulentissimam Asiae urbem, Graeci Achillem quoque ducere debebant, virum longe omnium fortissimum[1]. Sed rex Lycomedes rogatu Thetidis, matris Achillis, adulescentem in regia domo abdiderat inter filias, indutum feminea veste. Achivi, postquam Achillis receptaculum cognoverunt, oratores ad regem miserunt et adulescentem ad bellum contra Troianos rogitaverunt. Rex respondit: «Achilles domi non est[2], nec umquam fuit; nisi fidem verbis meis tribuitis[3], perlustrate totam domum». Tum Ulixes, vir omnium callidissimus, dolum adhibuit: nam inter dona feminea, in vestibulo regiae, etiam clipeum et hastam posuit. Improviso Ulixis iussu tubae cecinerunt, cum ingentissimo clamore armorumque strepitu. «Adventat hostis, currite ad arma!» clamavit Achilles, statimque muliebrem vestem laceravit et clipeum hastamque arripuit. Sic legati Ulixis dolo iuvenem recognoverunt et ad bellum secum duxerunt.

1 'By far the strongest man of all'.
2 'Achilles is not at home'.
3 'If you do not believe me'.

181. Sabine women put an end to the war between Romans and Sabines

The Rape of the Sabine Women. Pietro da Cortona, 1627-1629.

Sabinae mulieres, quarum ex iniuria bellum ortum erat, crinibus passis scissaque veste[1], victo muliebri pavore, ausae sunt se inter tela volantia inferre, dirimere infestas acies, dirimere iras, hinc patres Sabinos, hinc viros Romanos orantes, ne se sanguine nefando soceri generique respergerent, ne parricidio macularent partus suos, nepotum illi, hi liberum progeniem. «Si adfinitatis inter vos, si conubii piget[2], in vos vertite iras; nos causa belli, nos vulnerum ac caedium viris ac parentibus sumus; melius est mori quam viduae aut orbae sine alteris vestrum vivere». Movet res cum multitudinem tum duces[3]; silentium et repentina fit quies; inde ad foedus faciendum duces prodeunt. Ne pacem modo[4] sed civitatem unam ex duabus faciunt. Regnum consociant: imperium omne conferunt Romam. Ita geminata urbe, ut Sabinis tamen aliquid daretur, Quirites a Curibus appellati sunt.

(adapted from Titus Livius)

1 'Offbeat and with torn clothes'.
2 'If you are ashamed of your affinity, if you are ashamed of marriage'.
3 'Both the crowd and the generals'.
4 'Not only peace but...'.

182. The superiority of the human being over other living beings

Omnia suo bono constant. In cane sagacitas prima est, si investigare debet feras; cursus, si consequi; audacia, si mordere et invadere. In homine quid est optimum? Ratio: hac[1] antecedit animalia, deos sequitur. Ratio ergo perfecta proprium hominis bonum est, cetera illi cum animalibus communia sunt. Valet: et[2] leones. Formosus est: et pavones. Velox est: et equi. Corpus habet: et arbores. Habet impetum ac motum voluntarium: et bestiae et vermes. Habet vocem: sed quanto clariorem canes, acutiorem aquilae, graviorem tauri, dulciorem mobilioremque luscinii? Quid est in homine proprium? Ratio. Haec ratio perfecta virtus vocatur eademque honestum est. Si quis omnia alia habeat, valetudinem, divitias, imagines multas, frequens atrium sed malus ex confesso sit, improbabis illum; item si quis nihil quidem eorum, quae rettuli, habeat, deficiatur pecunia[3], clientium turba, nobilitate et avorum proavorumque serie, sed ex confesso bonus sit, probabis illum. Ergo hoc est bonum hominis, quod qui habet[4], etiam si aliis destituitur, landandus est.

(adapted from Seneca)

1 'Thanks to this, with this'.
2 In this case and the following, *et* has adverbial value: 'also'.
3 'even if he lacks money ..'.
4 'And who has it'.

CLAUSES OF RESULT

183. Marsias

Minerva, cum tibias ex osse cervino confecisset, ad convivium divorum venit ut eos cantu delectaret. Sed, ut buccas inflavit ut in tibias insufflaret, Iuno et Venus eam irridebant quia eius os foedum apparebat. Quare, cum in Idaeam silvam fugisset et suas buccas inflatas in aqua fontis vidisset, tibias abiecit ne amplius caneret. Eas tibias Marsyas, Oeagri filius, unus ex Satyris, invenit et, cum eas quotidie ad cantum adhiberet, sonum suaviorem in dies[1] faciebat. Quia sic cantu mirabiliter processerat, Apollinem, poetarum et musicorum deum, provocavit ut secum certaret. Cum ad certamen venisset et Musas iudices adhibuissent ut de victoria iudicarent. Apollo suavissimum sonum ex cithara elicuit et victor evasit. Itaque ut adversarii superbia et arrogantia puniretur, eum ad arborem religavit et cuidam Scythae imperavit ut eum membratim cute exueret.

(adapted from Hyginius)

Apollo and Marsias. Bartolomeo Manfredi, 1610.

1 'Every day more'.

184. The Etruscan

Etrusci ex ignotis regionibus in Italiam multo antequam Galli venerunt et tutas sedes invenerunt in ea regione, quae ab eorum nomine Etruria appellata est. Umbros, eam regionem incolentes, partim subegerunt, partim ex agris exterminaverunt. Tum laeti salubritate caeli, fertilitate agrorum, amoenitate locorum, tanta alacritate in agriculturam incubuerunt ut brevi tempore non

135

solum a terra fruges perciperent quibus ipsi vescerentur[1], sed etiam eas quas commutarent cum finitimis gentibus vel in regionibus longinquis mercarentur. Quare magis enim divitiae et opes eorum augebantur et audaciores homines fiebant et, navibus per maria pervolantes, ad Asiae et Africae litora appellebant ut eo sua exportarent vel inde ea quibus opus esset ad humaniorem vitae cultum importarent[2]. In patria sua oppida ingentibus moenibus muniverunt, quae nos Cyclopia appellamus, quia a Cyclopibus, qui multitudo[3] valentiores et ingentiores mortalibus hominibus fuerunt, aedificata videntur.

(adapted from Justin)

1 'with which they could feed them'.
2 'or import those things that they needed for a most humane care of life'.
3 'Which crowd', 'a crowd that...'.

185. Hamilcar saves Carthage after the first Punic war

Bello Poenico confecto, Hamilcar, dux Carthaginiensium, ut Carthaginem venit, rem publicam graviter prostratam esse vidit. Namque diuturnitate externi mali tantum exarsit intestinum bellum, ut numquam par periculum cognoverit Carthago nisi cum deleta est[1]. Primo mercennarii milites, qui adversus Romanos pugnaverant, desciverunt. Hi totam abalienaverunt Africam, ipsam Carthaginem oppugnaverunt. Iis malis adeo sunt Poeni perterriti, ut etiam auxilia a Romanis petiverint eaque impetraverint. Sed extremo, cum prope iam ad desperationem pervenissent, Hamilcarem imperatorem fecerunt. Is non solum hostes a muris Carthaginis removit, sed etiam eo compulit, ut, locorum angustiis clausi, plures fame quam ferro interirent. Omnia oppida abalienata, in his Uticam atque Hipponem, valentissima totius Africae, restituit patriae. Neque ea re fuit contentus, sed etiam fines imperii propagavit, tota Africa tantum otium reddidit, ut nullum in ea bellum multis annis fuerit.

(adapted from Nepos)

1 'That Carthage had never known an equal danger, except when it was destroyed'.

CLAUSES OF CONCESSION

186. Positive aspects of old age

Causa, quae maxime angit et sollicitam facit nostram senectutem, est appropinquatio mortis. Sed mors aut plane neglegenda est, si omnino exstinguit animum, aut etiam optanda, si in aliquem locum eum deducit, ubi aeternus futurus sit. Quis autem est tam stultus, quamvis sit adulescens, qui certum habebat se ad vesperum esse victurum? Quod est ergo istud crimen senectutis, cum id ei videatis cum adulescentia esse commune? At sperat adulescens diu se victurum esse: insipienter sperat. Quid enim stultius est quam incerta pro certis habere, falsa pro veris[1]? Senex, contra, ne spem quidem habet[2]; eius condicio melior est quam adulescentis, cum id, quod ille sperat, hic consecutus est; alter cupit diu vivere, alter diu vivit. Horae quidem cedunt et dies et menses et anni, nec praeteritum tempus umquam revertitur, nec quid sequatur scimus[3]; omnes contenti esse debemus tempore, quod cuique ad vivendum datur.

Images of old people in the National Archaeological Museum of Naples.

1 'Than to have things uncertain for certain, false for true'.
2 'Certainly there is no hope'.
3 'And we do not know what will follow'.

COMPARATIVE CLAUSES

187. Cato the Elder speaks of old age

Ut enim adulescentibus bona indole praeditis sapientes senes delectantur, et levior fit senectus eorum qui a iuventute coluntur et diliguntur, sic adulescentes senum praeceptis gaudent[1], quibus ad virtutum studia ducuntur; nec minus intellego me vobis quam mihi vos esse iucundos[2]. Sed videtis, ut senectus non modo languida atque iners non sit, verum etiam sit operosa et semper agens aliquid et moliens, tale scilicet quale cuiusque studium in superiore vita fuit[3]. Quid, qui etiam addiscunt aliquid? Ut et Solonem versibus gloriantem videmus, qui se cotidie aliquid addiscentem dicit senem fieri, et ego feci qui litteras Graecas senex didici; quas quidem sic avide arripui quasi diuturnam sitim explere cupiens, ut ea ipsa mihi nota essent quibus me nunc exemplis uti videtis[4].

(adapted from Cicero)

1 'They enjoy the teachings of the old'.
2 'And I believe that I am not less pleasing to you than you are to me'.
3 'As was the occupation of each one in the previous life'.
4 'To be known to me these same things that you see now I use as examples'.

188. The learning of oratory among the ancients

View of the island of Rhodes, famous in antiquity for its studies of rhetoric.

Apud maiores nostros iuvenis ille, qui foro et eloquentiae parabatur, imbutus iam domestica disciplina, refertus honestis studiis deducebatur a patre vel a propinquis ad eum oratorem, qui principem in civitate locum obtinebat. Hunc sectari[1], hunc prosequi, huius omnibus dictionibus interesse sive in iudiciis sive in contionibus adsuescebat, ita ut altercationes quoque exciperet et iurgiis interesset utque sic dixerim[2], pugnare in proelio disceret. Igitur vera statim et incorrupta eloquentia imbuebantur; et quamquam unum sequerentur, tamen omnis eiusdem aetatis patronos in plurimis et causis et iudiciis cognoscebant; habebantque ipsius populi diversissimarum aurium copiam, ex qua facile deprehenderent, quid in quoque vel probaretur vel displiceret[3].

1 This infinitive and the following depend on *adsuescebat*.
2 'And so to speak'.
3 'What in each one (of *quisquis*) was performing well or not was appropriate'.

I. NOUN DECLENSION

1. First declension nouns

	singular	plural
N.	rosa	rosae
V.		
Acc.	rosam	rosas
Gen.	rosae	rosarum
Dat.		rosis
Abl.	rosa	

2. Second declension nouns

	nominative in -*us*		nominative in -*er*		neuter	
	singular	plural	singular	plural	singular	plural
N.	dominus	domini	puer	pueri	templum	templa
V.	domine					
Acc.	dominum	dominos	puerum	pueros		
Gen.	domini	dominorum	pueri	puerorum	templi	templorum
Dat.	domino	dominis	puero	pueris	templo	templis
Abl.						

3. Third declension nouns

3.1. Consonant stems

	p, b (labials)		c, g (palatals)	
	singular	plural	singular	plural
N.	princeps	principes	vox	voces
V.				
Acc.	principem		vocem	
Gen.	principis	principum	vocis	vocum
Dat.	principi	principibus	voci	vocibus
Abl.	principe		voce	

	t, d (dentals)		neuters	
	singular	plural	singular	plural
N.	virtus	virtutes	caput	capita
V.				
Acc.	virtutem			
Gen.	virtutis	virtutum	capitis	capitum
Dat.	virtuti	virtutibus	capiti	capitibus
Abl.	virtute		capite	

	l, r (liquids)			
	singular	plural	singular	plural
N.	consul	consules	mulier	mulieres
V.				
Acc.	consulem		mulierem	
Gen.	consulis	consulum	mulieris	mulierum
Dat.	consuli	consulibus	mulieri	mulieribus
Abl.	consule		muliere	

	m (nasal)		n (nasal)		neuter	
	singular	plural	singular	plural	singular	plural
N.	hiems	hiemes	legio	legiones	flumen	flumina
V.						
Acc.	hiemem		legionem			
Gen.	hiemis	hiemum	legionis	legionum	fluminis	fluminum
Dat.	hiemi	hiemibus	legioni	legionibus	flumini	fluminibus
Abl.	hieme		legione		flumine	

	r-stems		neuter	
	singular	plural	singular	plural
N.	mos	mores	corpus	corpora
V.				
Acc.	morem			
Gen.	moris	morum	corporis	corporum
Dat.	mori	moribus	corpori	corporibus
Abl.	more		corpore	

3.2. i-stems

	masculine and feminine						neuter	
	singular	plural	singular	plural	singular	plural	singular	plural
N.	navis	naves	nubes	nubes	imber	imbres	mare	maria
V.								
Acc.	navem		nubem		imbrem			
Gen.	navis	navium	nubis	nubium	imbris	imbrium	maris	marium
Dat.	navi	navibus	nubi	nubibus	imbri	imbribus	mari	maribus
Abl.	nave		nube		imbre			

3.3. Mixed i-stem

	singular	plural
N.	pons	pontes
V.	pons	pontes
Acc.	pontem	
Gen.	pontis	pontium
Dat.	ponti	pontibus
Abl.	ponte	pontibus

4. Fourth declension nouns

	masculine and feminine		neuter	
	singular	plural	singular	plural
N.	fructus	fructus	genu	genua
V.	fructus	fructus	genu	genua
Acc.	fructum		genu	genua
Gen.	fructus	fructuum	genus	genuum
Dat.	fructui	fructibus	genui, -u	genibus
Abl.	fructu	fructibus	genu	genibus

5. Fifth declension nouns

	singular	plural
N.	dies	dies
V.	dies	dies
Acc.	diem	
Gen.	diei	dierum
Dat.	diei	diebus
Abl.	die	diebus

II. ADJECTIVE DECLENSION

1. First and second declension adjectives

a. Masculine form ending in –us:

	singular			plural		
	masculine	feminine	neuter	masculine	feminine	neuter
N.	bonus	bona	bonum	boni	bonae	bona
V.	bone	bona	bonum	boni	bonae	bona
Acc.	bonum	bonam	bonum	bonos	bonas	bona
Gen.	boni	bonae	boni	bonorum	bonarum	bonorum
Dat.	bono	bonae	bono	bonis	bonis	bonis
Abl.	bono	bona	bono	bonis	bonis	bonis

b. Masculine form ending in –er:

	singular			plural		
	masculine	feminine	neuter	masculine	feminine	neuter
N. V.	miser	misera	miserum	miseri	miserae	misera
Acc.	miserum	miseram		miseros	miseras	
Gen.	miseri	miserae	miseri	miserorum	miserarum	miserorum
Dat.	misero		misero	miseris		
Abl.		miscra				

2. Third declension adjectives

a. Three-termination adjectives:

	singular			plural		
	masculine	feminine	neuter	masculine	feminine	neuter
N. V.	celer	celeris	celere	celeres		celeria
Acc.	celerem					
Gen.	celeris			celerium		
Dat. Abl.	celeri			celeribus		

b. Two-termination adjectives:

	singular		plural	
	masculine / feminine	neuter	masculine / feminine	neuter
N. V.	nobilis	nobile	nobiles	nobilia
Acc.	nobilem			
Gen.	nobilis		nobilium	
Dat. Abl.	nobili		nobilibus	

c. One-termination adjectives:

	singular			plural		
	masculine	feminine	neuter	masculine	feminine	neuter
N. V.	audax			audaces		audacia
Acc.	audacem		audax			
Gen.	audacis			audacium		
Dat. Abl.	audaci			audacibus		

3. Comparison of adjectives

	singular		plural	
	masculine / feminine	neuter	masculine / feminine	neuter
N.	altior	altiores	altiores	altiora
V.	altior	altiores	altiores	altiora
Acc.	altiorem	altiores	altiores	altiora
Gen.	altioris		altiorum	
Dat.	altiori		altioribus	
Abl.	altiore		altioribus	

4. Irregular adjectives:

positive	comparative	superlative
magnus (great)	maior, maius	maximus, -a, -um
parvus (small)	minor, minus	minimus, -a, -um
bonus (good)	melior, melius	optimus, -a, -um
malus (bad)	peior, peius	pessimus, -a, -um
multus (much)	plus, pluris	plurimus, -a, -um

III. PRONOUNS

1. Personal pronouns

	singular		plural	
	first person	second person	first person	second person
N.	ego	tu	nos	vos
V.	-	tu	-	vos
Acc.	me	te	nos	vos
Gen.	mei	tui	nostrum, nostri	vestrum, vestri
Dat.	mihi	tibi	nobis	vobis
Abl.	me	te		

2. Reflexive pronouns

	singular	plural
	masculine / feminine / neuter	masculine / feminine / neuter
Acc.	se	se
Gen.	sui	sui
Dat.	sibi	sibi
Abl.	se	se

3. Possessive pronouns

singular			plural		
first person	**second person**	**third person**	**first person**	**second person**	**third person**
meus, mea, meum	tuus, tua, tuum	suus, sua, suum	noster, nostra, nostrum	vester, vestra, vestrum	suus, sua, suum

4. Demonstrative pronouns

a. Hic, haec, hoc

	singular			plural		
	masculine	feminine	neuter	masculine	feminine	neuter
N.	hic	haec	hoc	hi	hae	haec
Acc.	hunc	hanc		hos	has	
Gen.		huius		horum	harum	horum
Dat.		huic		his		
Abl.	hoc	hac	hoc			

b. Iste, ista, istud

	singular			plural		
	masculine	feminine	neuter	masculine	feminine	neuter
N.	iste	ista	istud	isti	istae	ista
Acc.	istum	istam		istos	istas	
Gen.		istius		istorum	istarum	istorum
Dat.		isti		istis		
Abl.	isto	ista	isto			

c. Ille, illa, illud

	singular			plural		
	masculine	feminine	neuter	masculine	feminine	neuter
N.	ille	illa	illud	illi	illae	illa
Acc.	illum	illam		illos	illas	
GEN.		illius		illorum	illarum	illorum
DAT.		illi		illis		
Abl.	illo	illa	illo			

5. Anaphoric pronoun (is, ea, id)

	singular			plural		
	masculine	feminine	neuter	masculine	feminine	neuter
N.	is	ea	id	ei / ii	eae	ea
Acc.	eum	eam		eos	eas	
Gen.		eius		eorum	earum	eorum
Dat.		ei			eis, iis, is	
Abl.	eo	ea	eo			

6. Intensifier and identifier pronouns

a. Ipse, ipsa, ipsum

	singular			plural		
	masculine	feminine	neuter	masculine	feminine	neuter
N.	ipse	ipsa	ipsum	ipsi	ipsae	ipsa
Acc.	ipsum	ipsam		ipsos	ipsas	
Gen.		ipsius		ipsorum	ipsarum	ipsorum
Dat.		ipsi			ipsis	
Abl.	ipso	ipsa	ipso			

b. Idem, eadem, idem

	singular			plural		
	masculine	feminine	neuter	masculine	feminine	neuter
N.	idem	eadem	idem	eidem, iidem	eaedem	eadem
Acc.	eundem	eandem		eosdem	easdem	
Gen.		eiusdem		eorundem	earundem	eorundem
Dat.		eidem			eisdem, iisdem, isdem	
Abl.	eodem	eadem	eodem			

7. Relative pronoun

	singular			plural		
	masculine	feminine	neuter	masculine	feminine	neuter
N.	qui	quae	quod	qui	quae	quae
Acc.	quem	quam		quos	quas	
Gen.		cuius		quorum	quarum	quorum
Dat.		cui			quibus	
Abl.	quo	qua	quo			

8. Interrogative pronouns

a. Quis, quid (pronoun) 'who', 'what'

	singular		plural	
N.	quis, qui	quid	qui	quae
Acc.	quem	quid	quos	quae
Gen.	cuius	cuius rei	quorum	quarum rerum
Dat.	cui	cui rei	quibus	quibus rebus
Abl.	quo	qua re	quibus	quibus rebus

b. Uter, utra, utrum 'which (of two)'

	singular			plural		
N.	uter	utra	utrum	utri	utrae	utra
Acc.	utrum	utram	utrum	utros	utras	utra
Gen.	utrius			utrorum	utrarum	utrorum
Dat.	utri			utris		
Abl.	utro	utra	utro			

9. Indefinite pronouns

a. aliquis, aliquid (pronoun) 'anyone', 'someone'

	singular		plural	
N.	aliquis	aliquid	aliqui	aliqua
Acc.	aliquem	aliquid	aliquos	aliqua
Gen.	alicuius	alicuius rei	aliquorum	aliquorum rerum
Dat.	alicui	alicui rei	aliquis	aliquis rebus
Abl.	aliquo	aliqua re		

b. aliqui, aliqua, aliquod (adjective) 'any', 'some'

	singular			plural		
N.	aliquis, aliqui	aliqua	aliquid, aliquod	aliqui	aliquae	aliqua
Acc.	aliquem	aliquam	aliquid, aliquod	aliquos	aliquas	aliqua
Gen.	alicuius			aliquorum	aliquarum	aliquorum
Dat.	alicui			aliquibus		
Abl.	aliquo	aliqua	aliquo			

c. quisquam, quidquam 'any', 'anyone'

	masculine y feminine	neuter
N.	quisquam	quidquam (quicquam)
Acc.	quemquam	quidquam (quicquam)
Gen.	cuiusquam	ullius rei
Dat.	cuiquam	ulli rei
Abl.	quoquam (ullo)	ulla re

d. quidam, quaedam, quiddam 'somebody' (the corresponding adjetive is quidam, quaedam, quoddam) 'certain'

	singular			plural		
	masculine	feminine	neuter	masculine	feminine	neuter
N.	quidam	quadeam	quiddam	quidam	quaedam	quaedam
Acc.	quendam	quandam	quiddam	quosdam	quasdam	quaedam
Gen.	cuiusdam		cuiusdam rei	quorundam	quarundam	quorundam
Dat.	cuidam		cuidam rei	quibusdam		
Abl.	quodam	quadam	quadam re	quibusdam		

e. nemo and nihil

N.	nemo	nihil
Acc.	neminem	nihil
GEN.	neminis	nullius rei
DAT.	nemini	nulli rei
Abl.	nemine	nulla re

IV. CARDINAL NUMBERS

a. unus, -a, -um

	masculine	feminine	neuter
N.	unus	una	unum
Acc.	unum	unam	unum
Gen.	unius		
Dat.	uni		
Abl.	uno	una	uno

b. duo, duae, duo

	masculine	feminine	neuter
N.	duo	duae	duo
Acc.			
Gen.	duos (or duo)	duas	duo
Dat.	duorum	duarum	duorum
Abl.	duobus	duabus	duobus

c. tres, tria

	masculine / feminine	neuter
N.	tres	tria
Acc.		
Gen.	trium	
Dat.	tribus	
Abl.		

d. milia

N.	milia	Dat.	milibus
Acc.	milia	Abl.	
Gen.	milium		

VI. LIST OF CONJUGATIONS

1. Verb *sum*

indicative					
present	**imperfect**	**future**	**perfect**	**pluperfect**	**future perfect**
sum	eram	ero	fui	fueram	fuero
es	eras	eris	fuisti	fueras	fueris
est	erat	erit	fuit	fuerat	fuerit
sumus	eramus	erimus	fuimus	fueramus	fuerimus
estis	eratis	eritis	fuistis	fueratis	fueritis
sunt	erant	erunt	fuerunt o fuere	fuerant	fuerint

subjunctive				imperative	
present	**imperfect**	**perfect**	**pluperfect**	**present**	**future**
sim	essem	fuerim	fuissem	--	--
sis	esses	fueris	fuisses	es	esto
sit	esset	fuerit	fuisset	--	esto
simus	essemus	fuerimus	fuissemus	--	--
sitis	essetis	fueritis	fuissetis	este	estote
sint	essent	fuerint	fuissent	--	sunto

149

Non-personal forms

infinitive			future participle
present	perfect	future	
esse	fuisse	futurum –am –um esse (or fore)	futurus, -a -um

3. The verb *possum*

indicative					
present	imperfect	future	perfect	pluperfect	future perfect
possum	poteram	potero	potui	potueram	potuero
potes	poteras	poteris	potuisti	potueras	potueris
potest	poterat	poterit	potuit	potuerat	potuerit
possumus	poteramus	poterimus	potuimus	potueramus	potuerimus
potestis	poteratis	poteritis	potuistis	potueratis	potueritis
possunt	poterant	poterunt	potuerunt/ere	potuerant	potuerint

subjunctive				infinitive	
present	imperfect	perfect	pluperfect	present	perfect
possim	possem	potuerim	potuissem		
possis	posses	potueris	potuisses	posse	potuisse
possit	posset	potuerit	potuisset		
possimus	possemus	potuerimus	potuissemus		
possitis	possetis	potueritis	potuissetis		
possint	possent	potuerint	potuissent		

4. Regular verbs

4.1. Present system (active)

Indicative

	1st	2nd	3rd	3rd in -*io*	4th
present	am-o ama-s ama-t ama-**mus** ama-tis ama-**nt**	habe-o habe-s habe-t habe-**mus** habe-tis habe-**nt**	reg-o reg-**i**-s reg-**i**-t reg-**i**-mus reg-**i**-tis reg-**u**-nt	cap-**i**-o cap-**i**-s cap-**i**-t cap-**i**-mus cap-**i**-tis cap-**i-u**-nt	audi-o audi-s audi-t audi-**mus** audi-tis audi-**u-nt**
imperfect	ama-**ba-m** ama-**ba-s** ama-**ba-t** ama-**ba-mus** ama-**ba-tis** ama-**ba-nt**	habe-**ba-m** habe-**ba-s** habe-**ba-t** habe-**ba-mus** habe-**ba-tis** habe-**ba-nt**	reg-**e-ba-m** reg-**e-ba-s** reg-**e-ba-t** reg-**e-ba-mus** reg-**e-ba-tis** reg-**e-ba-nt**	cap-**i-e-ba-m** cap-**i-e-ba-s** cap-**i-e-ba-t** cap-**i-e-ba-mus** cap-**i-e-ba-tis** cap-**i-e-ba-nt**	audi-**e-ba-m** audi-**e-bas** audi-**e-ba-t** audi-**e-ba-mus** audi-**e-ba-tis** audi-**e-ba-nt**
future	ama-**b-o** ama-**bi-s** ama-**bi-t** ama-**bi-mus** ama-**bi-tis** ama-**bu-nt**	habe-**b-o** habe-**bi-s** habe-**bi-t** habe-**bi-mus** habe-**bi-tis** habe-**bu-nt**	reg-**a-m** reg-**e-s** reg-**e-t** reg-**e-mus** reg-**e-tis** reg-**e-nt**	cap-**i-a-m** cap-**i-e-s** cap-**i-e-t** cap-**i-e-mus** cap-**i-e-tis** cap-**i-e-nt**	audi-**a-m** audi-**e-s** audi-**e-t** audi-**e-mus** audi-**e-tis** audi-**e-nt**

Subjunctive

	1st	2nd	3rd	3rd in -io	4th
present	am-**e-m** am-**e-s** am-**e-t** am-**e-mus** am-**e-tis** am-**e-nt**	habe-**a-m** habe-**a-s** habe-**a-t** habe-**a-mus** habe-**a-tis** habe-**a-nt**	reg-**a-m** reg-**a-s** reg-**a-t** reg-**a-mus** reg-**a-tis** reg-**a-nt**	cap-**i-a-m** cap-**i-a-s** cap-**i-a-t** cap-**i-a-mus** cap-**i-a-tis** cap-**i-a-nt**	aud-**i-am** aud-**i-as** aud-**i-at** aud-**i-amus** aud-**i-atis** aud-**i-ant**
imperfect	ama-**re-m** ama-**re-s** ama-**re-t** ama-**re-mus** ama-**re-tis** ama-**re-nt**	habe-**re-m** habe-**re-s** habe-**re-t** habe-**re-mus** habe-**re-tis** habe-**re-nt**	reg-**e-re-m** reg-**e-re-s** reg-**e-re-t** reg-**e-re-mus** reg-**e-re-tis** reg-**e-re-nt**	cap-**e-re-m** cap-**e-re-s** cap-**e-re-t** cap-**e-re-mus** cap-**e-re-tis** cap-**e-re-nt**	audi-**re-m** audi-**re-s** audi-**re-t** audi-**re-mus** audi-**re-tis** audi-**re-nt**

Imperative

	1st	2nd	3rd	3rd in -*io*	4th
pr.	ama ama-**te**	habe habe-**te**	rege reg-**i-te**	cape cap-**i-te**	audi audi-**te**
future	ama-**to** ama-**to** ama-**tote** ama-**nto**	habe-**to** habe-**to** habe-**tote** habe-**nto**	reg-**i-to** reg-**i-to** reg-**i-tote** reg-**u-nto**	cap-**i-to** cap-**i-to** cap-**i-tote** cap-**i-u-nto**	audi-**to** audi-**to** audi-**tote** audi-**u-nto**

4.2. Present system (passive)

Indicative

	1st	2nd	3rd	3rd in -*io*	4th
present	amo-**r** ama-**ris, -re** ama-**tur** ama-**mur** ama-**mini** ama-**ntur**	habe-**or** habe-**ris, -re** habe-**tur** habe-**mur** habe-**mini** habe-**ntur**	reg-**or** reg-**eris, -re** reg-**i-tur** reg-**i-mur** reg-**i-mini** reg-**u-ntur**	cap-**i-or** cap-**e-ris, -re** cap-**i-tur** cap-**i-mur** cap-**i-mini** cap-**i-untur**	audi-**or** audi-**ris, -re** audi-**tur** audi-**mur** audi-**mini** audi-**u-ntur**
imperfect	ama-**ba-r** ama-**ba-ris, -re** ama-**ba-tur** ama-**ba-mur** ama-**ba-mini** ama-**ba-ntur**	habe-**bar** habe-**ba-ris, -re** habe-**ba-tur** habe-**ba-mur** habe-**ba-mini** habe-**ba-ntur**	reg-**e-ba-r** reg-**e-ba-ris, -re** reg-**e-ba-tur** reg-**e-ba-mur** reg-**e-ba-mini** reg-**e-ba-ntur**	cap-**i-e-ba-r** cap-**i-e-ba-ris, -re** cap-**i-e-ba-tur** cap-**i-e-ba-mur** cap-**i-e-ba-mini** cap-**i-e-ba-ntur**	audi-**e-ba-r** audi-**e-ba-ris, -re** audi-**e-ba-tur** audi-**e-ba-mur** audi-**e-ba-mini** audi-**e-ba-ntur**
future	ama-**b-or** ama-**b-e-ris, -re** ama-**b-i-tur** ama-**b-i-mur** ama-**b-i-mini** ama-**b-u-ntur**	habe-**b-or** habe-**b-e-ris, -re** habe-**b-i-tur** habe-**b-i-mur** habe-**b-i-mini** habe-**b-u-ntur**	reg-**a-r** reg-**e-ris, -re** reg-**e-tur** reg-**e-mur** reg-**e-mini** reg-**e-ntur**	cap-**i-a-r** cap-**i-e-ris, -re** cap-**i-e-tur** cap-**i-e-mur** cap-**i-e-mini** cap-**i-e-ntur**	audi-**a-r** audi-**e-ris, -re** audi-**e-tur** audi-**e-mur** audi-**e-mini** audi-**e-ntur**

Subjunctive

	1st	2nd	3rd	3rd in -*io*	4th
present	am-**e-r** am-**e-ris, -re** am-**e-tur** am-**e-mur** am-**e-mini** am-**e-ntur**	habe-**a-r** habe-**a-ris, -re** habe-**a-tur** habe-**a-mur** habe-**a-mini** habe-**a-ntur**	reg-**a-r** reg-**a-ris, -re** reg-**a-tur** reg-**a-mur** reg-**a-mini** reg-**a-ntur**	cap-**i-a-r** cap-**i-a-ris, -re** cap-**i-a-tur** cap-**i-a-mur** cap-**i-a-mini** cap-**i-a-ntur**	audi-**a-r** audi-**a-ris, -re** audi-**a-tur** audi-**a-mur** audi-**a-mini** audi-**a-ntur**
imperfect	ama-**re-r** ama-**re-ris, -re** ama-**re-tur** ama-**re-mur** ama-**re-mini** ama-**re-ntur**	habe-**re-r** habe-**re-ris, -re** habe-**re-tur** habe-**re-mur** habe-**re-mini** habe-re-ntur	reg-**e-re-r** reg-**e-re-ris, -re** reg-**e-re-tur** reg-**e-re-mur** reg-**e-re-mini** reg-**e-re-ntur**	cap-**e-re-r** cap-**e-re-ris, -re** cap-**e-re-tur** cap-**e-re-mur** cap-**e-re-mini** cap-**e-re-ntur**	audi-**re-r** audi-**re-ris, -re** audi-**re-tur** audi-**re-mur** audi-**re-mini** audi-**re-ntur**

Imperative

	1st	2nd	3rd	3rd in -io	4th
pr.	ama-**re** ama-**mini**	habe-**re** habe-**mini**	reg-**e-re** reg-**i-mini**	cap-**e-re** cap-**i-mini**	audi-**re** audi-**mini**
future	ama-**tor** ama-**tor** ama-**ntor**	habe-**tor** habe-**tor** habe-**ntor**	reg-**i-tor** reg-**i-tor** reg-**u-ntor**	cap-**i-tor** cap-**i-tor** cap-**i-u-ntor**	audi-**tor** audi-**tor** audi-**u-ntor**

	1st	2nd	3rd	3rd in -io	4th	
perfect	amatus, -a, -um	habitus, -a, -um	rectus, -a, -um	captus, -a, -um	auditus, -a, -um	sum or fui es or fuisti est or fuit
	amati, -ae, -a	habiti, -ae, -a	recti, -ae, -a	capti, -ae, -a	auditi, -ae, -a	sumus or fuimus estis or fuistis sunt or fuerunt
pluperfect	amatus, -a, -um	habitus, -a, -um	rectus, -a, -um	captus, -a, -um	auditus, -a, -um	eram or fueram eras or fueras erat or fuerat
	amati, -ae, -a	habiti, -ae, -a	recti, -ae, -a	capti, -ae, -a	auditi, -ae, -a	eramus or fueramus eratis or fueratis erant or fuerant
fut. perf.	amatus, -a, -um	habitus, -a, -um	rectus, -a, -um	captus, -a, -um	auditus, -a, -um	ero or fuero eris or fueris erit or fuerit
	amati, -ae, -a	habiti, -ae, -a	recti, -ae, -a	capti, -ae, -a	auditi, -ae, -a	erimus or fuerimus eritis or fueritis erunt or fuerunt
perf. subj.	amatus, -a, -um	habitus, -a, -um	rectus, -a, -um	captus, -a, -um	auditus, -a, -um	sim or fuerim sis or fueris sit or fuerit
	amati, -ae, -a	habiti, -ae, -a	recti, -ae, -a	capti, -ae, -a	auditi, -ae, -a	simus or fuerimus sitis or fueritis sint or fuerint
plup. subj.	amatus, -a, -um	habitus, -a, -um	rectus, -a, -um	captus, -a, -um	auditus, -a, -um	essem or fuissem esses or fuisses esset or fuisset
	amati, -ae, -a	habiti, -ae, -a	recti, -ae, -a	capti, -ae, -a	auditi, -ae, -a	essemus or fuissemus essetis or fuissetis essent or fuissent

4.5. Non-personal forms

a. Active infinitive

	present	perfect	future
1st	amare (to love)	amavisse (to have loved)	amaturum, -am, -um; amaturos, -as, -a esse or fuisse (to be going to love)
2nd	habere (to have)	habuisse (to have had)	habiturum, -am, -um; habituros, -as, -a esse or fuisse (to be going to have)
3rd	regere (to rule)	rexisse (to have ruled)	recturum, -am, -um; recturos, -as, -a esse or fuisse (to be going to rule)
3rd in -io	capere (to take)	cepisse (to have taken)	capturum, -am, -um; capturos, -as, -a esse or fuisse (to be going to take)
4th	audire (to hear)	audivisse (to have heard)	auditurum, -am, -um; audituros, -as, -a esse or fuisse (to be going to hear)

b. Passive infinitive

	present	perfect	future
1st	amari (to be loved)	amatum, -am, -um; amatos, -as, -a esse o fuisse (to have been loved)	amandum, -am, -um; amandos, -as, -a esse or fuisse / amatum iri (to be going to be loved)
2nd	haberi (to be had)	habitum, -am, -um; habitos, -as, -a esse o fuisse (to have been had)	habendum, -am, -um; habendos, -as, -a esse or fuisse / habitum iri (to be going to be had)
3rd	regi (to be ruled)	rectum, -am, -um; rectos, -as, -a esse o fuisse (to have been ruled)	regendum, -am, -um; regendos, -as, -a esse or fuisse / rectum iri (to be going to be ruled)
3rd in -io	capi (to be taken)	captum, -am, -um; captos, -as, -a esse o fuisse (to have been taken)	capiendum, -am, -um; capiendos, -as, -a esse or fuisse / captum iri (to be going to be taken)
4th	audiri (to be heard)	auditum, -am, -um; auditos, -as, -a esse o fuisse (to have been heard)	audiendum, -am, -um; audiendos, -as, -a esse or fuisse / auditum iri (to be going to be heard)

c. Present participle

	singular		plural	
	masculine and feminine	neuter	masculine and feminine	neuter
N.	amans (que ama)	amans	amantes	amantia
V.	amans			
Acc.	amantem	amantem		
Gen.	amantis	amantis	amantium	amantium
Dat.	amanti	amanti	amantibus	
Abl.	amanti/-e	amanti/-e		

d. Perfect participle

1st	amatus, -a, -um (loved)
2nd	habitus, -a, -um (had)
3rd	rectus, -a, -um (ruled)
3rd in -io	captus, -a, -um (taken)
4th	auditus, -a, -um (heard)

e. Future participle

1st	amaturus, -a, -um (going to love)
2nd	habiturus, -a, -um (going to have)
3rd	recturus, -a, -um (going to rule)
3rd in -io	capturus, -a, -um (going to take)
4th	auditurus, -a, -um (going to hear)

f. Gerund

	1st	2nd	3rd	3rd in -io	4a
A.	(ad) amandum	(ad) habendum	(ad) regendum	(ad) capiendum	(ad) audiendum
GEN.	amandi	habendi	regendi	capiendi	audiendi
DAT.	amando	habendo	regendo	capiendo	audiendo
Abl.	amando	habendo	regendo	capiendo	audiendo

g. Gerundive

1st	amandus, -a, -um (to be loved)
2nd	habendus, -a, -um (to be had)
3rd	regendus, -a, -um (to be ruled)
3rd in -io	capiendus, -a, -um (to be taken)
4a	audiendus, -a, -um (to be heard)

h. Supine

	Acc.	Abl.
1st	amat-um	amat-u
2nd	habit-um	habit-u
3rd	rect-um	rect-u
3rd in -*io*	capt-um	capt-u
4th	audit-um	audit-u

4.5. Irregular verbs

a. Volo, vis, velle, volui, 'will'

indicative						subjunctive	
present	**imperf.**	**future**	**perfect**	**pluperf.**	**future perfect**	**present**	**imperf.**
volo	volebam	volam	volui	volueram	voluero	velim	vellem
vis	volebas	voles	voluisti	volueras	volueris	velis	velles
vult	volebat	volet	voluit	voluerat	voluerit	velit	velles
volumus	volebamus	volemus	voluimus	volueramus	voluerimus	velimus	vellemus
vultis	volebatis	voletis	voluistis	volueratis	volueritis	velitis	velletis
volunt	volebant	volent	voluerunt	voluerant	voluerint	velint	vellent

Present infinitive: velle
Perfect infinitive: voluisse
Present participle: volens, volentis

b. Nolo, non vis, nolle, nolui, 'be unwilling'

indicative					
present	**imperfect**	**future**	**perfect**	**pluperfect**	**future perfect**
nolo	nolebam	nolam	nolui	nolueram	noluero
non vis	nolebas	noles	noluisti	nolueras	nolueris
non vult	nolebat	nolet	noluit	noluerat	noluerit
nolumus	nolebamus	nolemus	noluimus	nolueramus	noluerimus
non vultis	nolebatis	noletis	noluistis	nolueratis	nolueritis
nolunt	nolebant	nolent	noluerunt	noluerant	noluerint

subjunctive		imperative	
present	**imperfect**	**present**	**future**
nolim	nollem	---	---
nolis	nolles	noli	nolito
nolit	nollet	---	nolito
nolimus	nollemus	---	---
nolitis	nolletis	nolite	nolitote
nolint	nollent	---	nolunto

Present infinitive: nolle
Perfect infinitive: noluisse
Present participle: nolens, nolentis

c. Malo, mavis, malle, malui, 'to prefer'

indicative						subjunctive	
present	imperf.	future	perfect	pluperf.	future perfect	present	imperf.
malo	malebam	malam	malui	malueram	maluero	malim	mallem
mavis	malebas	males	maluisti	malueras	malueris	malis	malles
mavult	malebat	malet	maluit	maluerat	maluerit	malit	mallet
malumus	malebamus	malemus	maluimus	malueramus	maluerimus	malimus	mallemus
mavultis	malebatis	maletis	maluistis	malueratis	malueritis	malitis	malletis
malunt	malebant	malent	maluerunt	maluerant	maluerint	malint	mallent

Present infinitive: malle
Perfect infinitive: maluisse

d. Eo, is, ire, ii (ivi), itum, 'to go'

indicative					
present	imperfect	future	perfect	pluperfect	future perfect
eo	ibam	ibo	ii (ivi)	i(v)eram	i(v)ero
is	ibas	ibis	isti (ivisti)	i(v)eras	i(v)eris
it	ibat	ibit	iit (ivit)	i(v)erat	i(v)erit
imus	ibamus	ibimus	iimus (ivimus)	i(v)eramus	i(v)erimus
itis	ibatis	ibitis	istis (ivistis)	i(v)eratis	i(v)eritis
eunt	ibant	ibunt	ierunt (iverunt)	i(v)erant	i(v)erint

subjunctive				imperative	
present	imperfect	perfect	pluperfect	present	future
eam	irem	ierim	iissem	----	----
eas	ires	ieris	iisses	i	ito
eat	iret	ierit	iisset	----	ito
eamus	iremus	ierimus	iissemus	----	----
eatis	iretis	ieritis	iissetis	ite	itote
eant	irent	ierint	iissent	----	eunto

Infinitive

present	perfect	future
ire	i(v)isse	iturum, -am, -um esse; ituros, -as, -a esse

Participle

present	future
iens, euntis	iturus, -a, -um

Supine

Acc.	Abl.
itum	itu

e. Fero, fers, ferre, tuli, latum 'to bring'

Active voice

indicative					
present	imperfect	future	perfect	pluperfect	future perfect
fero	ferebam	feram	tuli	tuleram	tulero
fers	ferebas	feres	tulisti	tuleras	tuleris
fert	ferebat	feret	tulit	tulerat	tulerit
ferimus	ferebamus	feremus	tulimus	tuleramus	tulerimus
fertis	ferebatis	feretis	tulistis	tuleratis	tuleritis
ferunt	ferebant	ferent	tulerunt	tulerant	tulerint

subjunctive		imperative	
present	imperfect	present	future
feram	ferrem	---	---
feras	ferres	fer	ferto
ferat	ferret	---	ferto
feramus	ferremus	---	---
feratis	ferretis	ferte	fertote
ferant	ferrent	---	ferunto

Infinitive

present	perfect	future
ferre	tulisse	laturum, -am, -um esse; laturos, -as, -a esse

Participle

present	future
ferens, ferentis	laturus, -a, -um

Supine

Acc.	Abl.
latum	latu

Passive voice

indicative						subjunctive	
present	imperfect	future	perfect	pluperf.	future perfect	present	imperf.
feror	ferebar	ferar	latus, -a, -um sum	latus, -a, -um eram	latus, -a, -um ero	ferar	ferrer
ferris	ferebaris	fereris	latus, -a, -um es	latus, -a, -um eras	latus, -a, -um eris	feraris	ferreris
fertur	ferebatur	feretur	latus, -a, -um est	latus, -a, -um erat	latus, -a, -um erit	feratur	ferretur
ferimur	ferebamur	feremur	lati, -ae, -a sumus	lati, -ae, -a eramus	lati, -ae, -a erimus	feramur	ferremur
ferimini	ferebamini	feremini	lati, -ae, -a estis	lati, -ae, -a eratis	lati, -ae, -a eritis	feramini	ferremini
feruntur	ferebantur	ferentur	lati, -ae, -a sunt	lati, -ae, -a erant	lati, -ae, -a erunt	ferantur	ferrentur

Infinitive

present	perfect	future
ferri	latum, -am, -um esse; latos, -as, -a esse	latum iri

Participle

perfect	future
latus, -a, -um; lati, -ae, -a	ferendus, -a, -um; ferendi, -ae, -a

f. Fio, fis, fieri, factus sum, 'to be made'

indicative					
present	imperf.	future	perfect	pluperfect	future perfect
fio	fiebam	fiam	factus, -a, -um sum	factus, -a, -um eram	factus, -a, -um ero
fis	fiebas	fies	factus, -a, -um es	factus, -a, -um eras	factus, -a, -um eris
fit	fiebat	fiet	factus, -a, -um est	factus, -a, -um erat	factus, -a, -um erit
fimus	fiebamus	fiemus	facti, -ae, -a sumus	facti, -ae, -a eramus	facti, -ae, -a erimus
fitis	fiebatis	fietis	facti, -ae, -a estis	facti, -ae, -a eratis	facti, -ae, -a eritis
fiunt	fiebant	fient	facti, -ae, -a sunt	facti, -ae, -a erant	facti, -ae, -a erunt

subjunctive		imperative	
present	**imperfect**	**present**	**future**
fiam	fierem	-----	-----
fias	fieres	fi	fito
fiat	fieret	-----	fito
fiamus	fieremus	-----	-----
fiatis	fieretis	fite	fitote
fiant	fierent	-----	-----

Infinitive

present	perfect	future	future passive
fieri	factum, -am, -um esse; factos, -as, -a esse	futurum, -am, -um esse; futuros, -as, -a esse o fore	factum iri

Participle

perfect	future
factus, -a, -um	futurus, -a, -um

CONTENTS

VII. THIRD DECLENSION ADJECTIVES

VIII. PERFECT INDICATIVE

IX. FOURTH DECLENSION

X. FIFTH DECLENSION

XI. PLUPERFECT INDICATIVE

XII. PRONOUNS

XIII. PASSIVE VOICE. PRESENT-TENSE SYSTEM

XIV. PARTICIPLES

Made in the USA
Coppell, TX
15 November 2022

86392997R00092